Ein Traum von Kirche

Sonderband

Ein Traum von Kirche

Menschlichkeit nach Jesu Art

Sonderband

Herausgegeben
von Ludger Hohn-Morisch

Herder
Freiburg · Basel · Wien

Umschlaggestaltung: Finken & Bumiller, Stuttgart
Umschlagmotiv: Ninetta Sombart, Verklärung.

Alle Rechte vorbehalten – Printed in Germany
© Verlag Herder Freiburg im Breisgau 1998
Satzverarbeitung: Fotosetzerei G. Scheydecker, Freiburg i. Br.
Herstellung: Freiburger Graphische Betriebe 1998
Gedruckt auf umweltfreundlichem,
säure- und chlorfrei gebleichtem Papier
ISBN 3-451-26555-9

Inhalt

„Und er ging mit ihnen"
Einleitung

LUDGER HOHN-MORISCH

„Am gleichen Tag waren zwei von den Jüngern auf dem Weg in ein Dorf namens Emmaus, das sechzig Stadien (11,1 km) von Jerusalem entfernt ist. Sie sprachen miteinander über all das, was sich ereignet hatte. Und während sie redeten und ihre Meinungen austauschten, kam Jesus dazu und ging mit ihnen" (Lukas 24,13–15 und 16–35).

„Am gleichen Tag" – an welchem Tag? Schaue ich zurück in die Erzählung des Lukas, dann geht es um den ersten Tag der Woche, nach dem Sabbat, nach dem Tag, an dem sie, „die Frauen, die mit Jesus aus Galiläa gekommen waren" (Lk 23,55), „die vom Gesetz vorgeschriebene Ruhe" (23,56) einhielten.

Und dann geht's los, buchstäblich: Der Sabbat ist vorüber, und zwei von den Jüngern machen sich auf den Weg. Am Sabbat durften sie es nicht, und es bedurfte wohl der Ruhe erst nach all dem, was über sie hereingebrochen war, seit „eine Schar Männer und einer der Zwölf, nämlich Judas" (Lk 22,42) sich ihres Meisters in einer Nacht- und Nebelaktion bemächtigt hatten, – seit er vor den alles besser wissenden Wächtern der reinen Lehre, dem damals Hohenpriester, geführt und verklagt worden war, – sei er von Petrus in im Vorhof des Pontifex aus so urmenschlicher Angst verleugnet worden war (Petrus hatte wohl ganz schnell erfaßt, was hier nun endgültig die Stunde geschlagen hatte), – seit ihr Herr und Meister von den Wächtern der Inquisition verspottet, geschlagen und bespukt worden war: er, der nie auch nur einem Menschen etwas zuleide getan, der in so wunderbaren Worten und Begegnungen die wahrhaft Suchenden und Gläubigen Milde, Güte, Barmherzigkeit, Liebe hatte spüren lassen, der sich noch Stunden vorher ganz tief gebückt hatte, wie es keine liturgische Folgehandlung ihm nachzutun vermöchte, um seinen Gefährten und Freunden den (damaligen) Sklavendienst zu tun, ihnen vor dem gemeinsamen, großen, entscheidenden Mahl die Füße zu waschen, vor jenem ganz und gar unmißverständlichen Mahl, von dem er selbst seinen Verräter nicht ausschloß, gerade ihm die Tischgemeinschaft nicht verbat, sondern ausgerechnet ihm, der sich einer anderen Konfession besonnen hatte, zuerst das Brot reichte – hier wahrhaft zum Zeichen der Einheit – und … sich von ihm küssen ließ.

Ja, auch diese beiden Jünger bedurften wohl erst der Ruhe nach all dem, was da geschehen war, nach all dem Widersprüchlichen, Unbegreiflichen, Unfaßbaren und Erschütternden, – seit jenen Stunden, während denen ihr Meister wahrlich von Pontius zu Pilatus gezerrt und vorgeführt, mehr hämisch, neidisch aus- als interessiert gefragt wurde, vom Hohen Rat (der hochkirchlichen Obrigkeit), von Pilatus (dem Vertreter der vermeintlich autonomen weltlichen Macht), von Herodes (dem unsterblichen Prototyp des Das-Sagen-Habens im Gunstkreis des offiziellen Pontifexes), – seit jenen unwürdigen Stunden, in denen dieser Pilatus sich nicht anders zu helfen wußte, als zwischen einem überführten Mörder und einem Gottesmann eine echte Alternative zu sehen, um sich nicht selber zu verraten und zu verkaufen, sich damit aber erst recht und gerade in die Sackgasse brachte, – seit jenem verlegenen Zwischenurteil des Pontius, Jesus schmählich geißeln zu lassen, und seinem opportunistisch grotesken Todesurteil über den, der zwar in Liebe, Deutlichkeit und Sorge um das Wesentliche in manchen

Menschen gedrungen war, der vor allem den Theologen und „kirchlichen" Fürsten seiner Zeit ins Gewissen redete, nie aber auch nur einen Menschen schlußendlich verurteilt, von seiner Gemeinschaft und Freundschaft ausgeschlossen, eines schweren Delikts wegen exkommuniziert, in den Bann getan oder suspendiert hätte, der vielmehr überströmte von würdigender Barmherzigkeit, von respektvoller Geduld, von zugeneigter Vergebung. Welch ein Maßstab!

Und nun „sprachen sie miteinander über all das, was sich ereignet hatte" (Lk 24,14). Das hält ein empfindsamer Mensch nicht aus: alles in sich hinzufressen, was schier unverdaulich ist. Krank, mißtrauisch, bitter, ängstlich und am Ende unbarmherzig, dogmatisch, schismatisch kompromißlos werden Menschen, die das Gespräch nicht mehr suchen, nicht miteinander reden, keinen Weg mehr miteinander gehen. Genau so bauen sich Ideologien, Systeme, Inquisitionen, Konfessionen, Unfehlbarkeiten auf. Doch: „Sie sprachen miteinander"... Ihre Seele, ihre Hoffnungen, ihre auch ganz menschlichen Enttäuschungen rangen nach Luft, nach Klärung, nach einem – wenn auch noch so kleinen – Hoffnungsschimmer, trotz allem irgendwoher, irgendwie wieder Boden, Gras unter die Füße zu bekommen. War denn alles umsonst? Dürfen Menschen so mit einem Menschen umgehen? Hat sich unser Meister so gründlich täuschen können? Was hat er todeswürdiges getan? Vielleicht hat er es ja nicht gewollt, aber sind wir jetzt nicht die Geleimten, die niemand mehr ernst nimmt? Wer von uns hat nicht alles, Haus und Hof, verlassen und sind ihm gefolgt? Und jetzt? Man hat ihn umgebracht, tot! Ende! Und wir hatten gehofft, er würde unser ganzes durch und durch verwaltetes System von Staat, von Religion von Grund auf erneuern, sie von all den Fesseln verkrusteter Traditionen befreien und ihnen eine neue Menschlichkeit verleihen! Das war wohl alles nur ein Traum?!

Emmaus – diese beiden Jesusjünger sind nach all dem auf dem Weg nach Emmaus: mit großer Wahrscheinlichkeit ihrem Heimatort, dem Ort, wo sie lebten, bevor sie ihrem Meister folgten. Zurück zu dem, was lange Jahre ihres Lebens ihr Zuhause war. Dies zu erwähnen kann in der lukanischen Erzählung nicht einfach nur ein Zufall sein. Wie oft erleben Menschen gerade in ganz und gar tiefgreifenden Augenblicken ihres Lebens dieses „Zurück"? Ich muß noch einmal dorthin, woher ich komme. Meist sind es gerade Wendezeiten, in denen Menschen ihre Spur zurückverfolgen. Da gilt es, etwas zu klären, etwas zu begreifen – und: sich von etwas endgültig zu lösen, seien es Hoffnungen, alte Bilder, Erwartungen, Phantasien, Identifizierungen, Verstrickungen. Diesen Weg gehen sie.

Aber nicht allein! Sie sind miteinander unterwegs. Da sinnt nicht jemand so ganz für sich in seinen Gedanken über Gott und die Welt nach, um einen Vortrag, ein Referat, eine Vorlesung, eine Enzyklika vorzubereiten. Nein, sie sind in Bewegung und keineswegs stillschweigend. Es braucht das Wort, das mitgeteilte und das gehörte. Und was auf diesem Weg zu sagen und zu hören ist, das sind persönliche Erfahrungen. So tiefgreifende, entscheidende, erschütternde Erfahrungen, daß sie eines Menschen bedürfen, der mitgeht, der auf seine Weise diese Erfahrungen kennt und teilt.

Und – inmitten eines solch existentiellen Gesprächs spürt plötzlich jeder von ihnen, daß sie nicht allein sind, daß in diesem Augenblick noch jemand mitgeht: Da kommt plötzlich etwas hinzu, das sie beide verbindet und eine ganz besondere Energie in ihr Miteinander einströmen läßt. Es ist erst nur eine anfängliche Ahnung, so, als würde aus einem Nebel sich jemand nähern, noch ohne Kontur – „so daß sie ihn nicht erkannten" (Lk 24,15). Die beiden unterwegs und in noch suchender, fassungsloser Erfahrung bleiben in ihren authentischen Worten, wie es nur Worte aus Erfahrung sein können.

Und jener Begleiter bleibt – und vertieft das Gespräch, stellt plötzlich die Weiche der Gedanken, bringt einen – allmählich Verständnis dämmernden – Faden herein, – jetzt, da doch noch so vieles, fast alles dagegen spricht, daß in allem ein Sinn liegt! Da plötzlich erinnern sie sich – und das muß niemandem fremd sein – an das Feuer des Anfangs, an Worte, die sich ihnen wie Brandmale eingeprägt hatten…

Und am Tisch des Brotteilens erkennen endlich und mit untrüglicher Gewißheit, wer mit ihnen geht: Jesus – Er, mit dem das LEBEN begann…

Ein Traum von Kirche – das Fundament ist längst gelegt. Die Versuchungen, sich von ihm zu entfernen, haben Geschichte gemacht, machen Geschichte im Leben jedes einzelnen wie in der Institution Kirche. Hätten jene beiden nur mehr versucht zu bewahren, was ihnen zu bewahren – kraft ihres übernommenen Glaubens – wichtig erschien, sie hätten gleich eine Kirche gegründet… Auf dem Weg zu ihren menschlichen Quellen aber – eine vielleicht zu oft zu fremde Perspektive – gesellte Er sich hinzu und ging mit ihnen. Das ist der Traum vieler zeitgenössischer Christen, die in diesem Buch zu Wort kommen. Sie erinnern an die Ursprünge, an die Quellen, die maßgebenden Erfahrungen – und gießen Öl in manche (im Bilde gesprochen) festgefahrenen Weichenstellungen, damit eines nie und nimmer vergessen und gekreuzigt werde: *Menschlichkeit nach Jesu Art.*

1

Das Fundament
ist längst gelegt

Wovon lebt der Mensch?

ERICH PURK

Während seines Aufenthaltes in Paris kam der Dichter Rainer Maria Rilke täglich an einer Bettlerin vorbei. Sie saß stumm und scheinbar unbeteiligt an einer Gartenmauer. Hatte einer ein Geldstück in ihre Hand gelegt, ließ sie die Münze rasch in ihrer Manteltasche verschwinden. Sie dankte für keine Gabe. Sie sah zu keinem Geber auf. Ihrem Schicksal ergeben hockte sie an der Mauer, – ein lebendiges Bild des Bettelns.

Eines Tages bleibt Rilke mit seinem Freund bei der Bettlerin stehen. Und er legt in die Hand der alten Frau – eine Rose. Da geschieht etwas, was noch nie geschehen ist; die Bettlerin sieht auf, ergreift die Hand des Dichters, küßt sie. Dann geht sie mit der Rose davon.

Am nächsten Tag saß die Frau nicht auf ihrem gewohnten Platz. So blieb es am zweiten und dritten Tag; so blieb es eine ganze Woche lang.

Verwundert fragte der Freund den Dichter nach der beängstigenden Wirkung der Gabe. Rilke sagte: „Man muß ihrem Herzen schenken, nicht ihrer Hand." – Auch eine andere Frage konnte sein Freund nicht unterdrücken: wovon denn die Bettlerin all die Tage gelebt habe, da niemand Geld in ihre Hand legte? Rilke antwortete: „Von der Rose!" (Nach H. Frank).

Wovon lebt der Mensch? – Doch nicht allein vom Geld und vom Bankkonto. Wir brauchen das Verständnis des anderen; wir brauchen seine Zeit und die Zeichen seiner Zuneigung: einen freundlichen Gruß, einen Händedruck – die Rose.

Man muß dem Herzen schenken, nicht nur der Hand!

Wovon lebt der Mensch? – Nicht nur von der Erfüllung seiner äußeren Bedürfnisse. Die meisten in unserem Land sind gut versorgt. Was fehlt, sind Freunde, die zuhören können; Eltern, die ihren Kindern noch mehr Zeit schenken; Verwandte, die für ihre alten Angehörigen noch mehr Geduld aufbringen.

Das zurückgegebene Evangelium

ANTON ROTZETTER

„Allen bin ich alles geworden, um auf jeden Fall einige zu retten. Alles aber tue ich um des Evangeliums willen, um an seiner Verheißung teilzuhaben" (1 Kor 9,22f).

Bei seinem Besuch in Peru muß der Papst einen Schock erlitten haben. Ich selbst spüre, wie sehr mich das schockiert, wenn ich davon höre:

Da tritt bei einer Großveranstaltung ein Indianerhäuptling auf den Papst zu und gibt ihm die Bibel zurück, die die Kirche den Indianern vor vierhundert Jahren gebracht hat, und er sagt dazu: „Meine indianischen Brüder werden von schlechten Christen oft ausgebeutet. Wir sind seit jeher Opfer der Erniedrigung und des Rassismus. Wie Christus über alle Menschen richten wird, werden die Armen über die Reichen richten. Ich gebe die Bibel zurück. Sie hat uns während Jahrhunderten weder Liebe noch Frieden, noch Gerechtigkeit gebracht. Der Papst soll sie zurücknehmen und unseren Unterdrückern aushändigen, deren Herzen und Gehirne die biblische Lehre am meisten brauchen."

Natürlich sind hier in erster Linie jene reichen Christen Lateinamerikas gemeint, die sich Christen nennen, es aber in Wahrheit nicht sind. Denn sie beuten aus, unterdrücken, foltern, töten.

Doch dürfen wir das nicht so leichtnehmen. Denn wir wissen heute, daß wir mitschuldig sind am Elend der Dritten Welt. Wir müssen uns vom Evangelium her bekehren.

Dazu werden wir aufgerufen. Paulus spricht im 1. Korintherbrief (9,16–23) verschiedene Aspekte an:

Es besteht ein unmittelbarer Zusammenhang zwischen dem Evangelium und dem großzügigen Herzen. Wer sich dem Evangelium verpflichtet weiß, der kann nicht mehr auf das Geld aus sein, der muß spontan, freigebig, unter Verzicht auf den eigenen Vorteil nur eines wollen: das Wohl und Heil des Menschen.

Paulus fügt hinzu: Es gibt einen inneren Zusammenhang zwischen Evangelium und Rettung. Wer sich dem Evangelium verpflichtet weiß, der muß alle Phantasie walten lassen, um wenigstens den einen oder anderen zu retten: Er muß allen alles werden, den Schwachen ein Schwacher, den Armen ein Armer, den Verlassenen ein Verlassener, den Hungernden ein Hungernder, den Opfern ein Opfer, eben allen alles – damit Hoffnung entsteht, daß Leben wächst.

Und das Evangelium (vgl. Mk 1,29–39) deckt den inneren Zusammenhang auf, der zwischen Jesus und den Kranken besteht, zwischen Jesus und allen, die unfrei und von fremden Kräften unterdrückt sind (im Evangelium heißen sie Besessene!). Jesus geht zu ihnen, gibt ihnen die Hand, richtet sie auf, heilt sie.

Das zurückgegebene Evangelium brennt in meinen Händen. Denn ich muß erkennen, daß das Evangelium für mich und für viele, die sich Christen nennen, einfach ein Buch unter anderen geblieben ist. Ich muß erkennen, daß all das Buchstabe bleibt und nicht Fleisch und Blut wird in unserer Praxis. Ich erinnere mich an eine Geschichte des heiligen Franz von Assisi, der einmal das Evangelium verkaufte, um den recht großen Erlös (ungefähr ein Jahreseinkommen) einer armen Frau zu schenken. Er sagte dazu: Es ist besser, man lebt das Evangelium, als man liest bloß darin.

Das zurückgegebene Evangelium brennt in meinen Händen. den ich muß erkennen, daß wir den Zusammenhang aufgelöst haben zwischen dem Evangelium und dem großzügigen Herzen. Viel zu sehr haben Geld und Geltung bei uns Vorrang, viel zuviel opfern wir dem Gott des eigenen und nationalen Wohls.

Ich muß erkennen, daß wir den Zusammenhang aufgelöst haben zwischen dem Evangelium und dem totalen Einsatz: Wir können nicht schwach werden, viel zuwenig arm mit den Armen.

Und ich muß erkennen, daß wir uns die Kranken und die Besessenen viel zu sehr vom Leib halten.

Dabei könnten wir froh werden, weil wir mit unserer Großzügigkeit Eingang fänden in die göttliche Dynamik: Gott sucht nicht den eigenen Vorteil, sondern das Heil der Welt. Siehe das Kreuz! Wir könnten froh werden, weil wir mit einem rückhaltlosen Einsatz Eingang fänden in die göttliche Dynamik: Gott entäußert sich ganz, er gibt sich ganz und gar hin. Siehe das Kreuz!

Wir könnten froh werden, weil wir in der Gemeinschaft mit den Kranken und Unterdrückten Eingang fänden in die göttliche Dynamik, die alles aufrichtet. Siehe Ostern!

Der menschenfreundliche Gott

LADISLAUS BOROS

Für die neutestamentlichen Schriftsteller bedeutete die Erfahrung Jesu Christi zugleich die Erfahrung Gottes. Deshalb darf ihre Darstellung bei der Behandlung des Themas „Gott erfahren" keineswegs fehlen. Wenn ich richtig sehe, gibt es drei Arten der Christuserfahrung im Neuen Testament. Über diese drei möchte ich jetzt jeweils kurz berichten. Gott hat in der Menschwerdung die ganze menschliche Wirklichkeit, also auch das Normale, das Gewöhnliche, das Ermüdende, das sich stets Wiederholende und das Unauffällige auf sich genommen.

Diese warme Menschennähe Gottes wird in den neutestamentlichen Büchern vor allem bei den sogenannten *Synoptikern* – den Evangelisten Markus, Matthäus und Lukas – geschildert, welche die Wirklichkeit Christi „synoptisch", das heißt „aus dem gleichen Blick heraus", erfassen. Diese Schriften stellen ein seltsames Dokument dar. Man muß lernen, mit ihnen lebendig umzugehen. Über den allergrößten Teil des Lebens Jesu schweigen sie. Die Begebenheiten, die sie erzählen, sind lose aneinandergereiht, nach sachlichen Gesichtspunkten gruppiert und bei den einzelnen Evangelisten verschieden geordnet. Ihr Interesse haftet an den Einzelereignissen, an dem Anekdotischen. Gerade das macht diese Schriften so lebendig und warm.

Die Leibhaftigkeit und die Menschlichkeit Christi werden bei den Synoptikern deutlich. Man spürt, daß es der Menschenseele bei Jesus Christus wohl wird. Wir erleben die große menschliche Anziehungskraft des Erlösers, jene Macht über das Menschenherz, die Petrus und Andreas auf ein einziges Wort Jesu hin alles verlassen ließ, welche die zwei Söhne des Zebedäus dermaßen ergriff, daß sie augenblicklich alles stehen ließen, die das Volk in die Wüste lockte ohne Verpflegung und Schutz. Das menschliche Herz fand bei Jesus von Nazareth wirklich Heimat.

Bei den Synoptikern begegnen wir einem Jesus, der müde wurde und sich ausruhen mußte – der aß und schlief – der den Kranken half und die Kinder segnete – der in der seligen Gottesnähe jubelte – dessen Herz vom Willen des Vaters ganz erfüllt war – der Mitleid mit den Menschen hatte, und zwar derart, daß er bittere Tränen weinte – dem die Menschen nachfolgten, weil sie merkten, daß er sich ihrer Verwahrlosung erbarmte – der die Mühseligen und Beladenen zu sich rief – der eine Zartheit, ja eine Zärtlichkeit in sich trug für alles, was lebt – der in leuchtender Lebendigkeit die Wahrheit lehrte, ohne Beschönigung und Sentimentalität – der nicht auf das Ansehen der Menschen schaute – der sein Leben nicht vorausplante, sondern es vom Überraschenden her empfing – der lange warten konnte, daß sich ihm ein Menschenherz öffne – der unauffällig, normal, durchschnittlich und arm sein konnte – der ganz gewöhnliche Leute zu seinen Freunden wählte – der einfach und selbstverständlich die festen Situationen des menschlichen Lebens respektierte und deshalb auch der politischen Autorität, ja den religiösen Einrichtungen seines Volkes gegenüber gehorsam war, obwohl er durchaus das Bewußtsein hatte, daß er an all das nicht gebunden sei – der in einer beinahe erschreckenden Weise die Dinge hinnahm, wie sie waren, und sie nicht äußerlich-revolutionär umkrempeln wollte – der aber zugleich verstand, in diesem gewöhnlichen Leben das schlechthin Ungewöhnliche aufleuchten zu lassen, dessen Antlitz erstrahlte von der Heiligkeit.

In diesem Menschen, in Jesus von Nazareth waltete das Göttliche und milderte zugleich seine Macht zu Anmut und Milde. Die Gnade (charis) meint zugleich Anmut, Schönheit und Lieblichkeit. Durch die Existenz der Christen strömt nun diese „Lieblichkeit" in die Welt hinein. Im Sinne der Synoptiker liegt die charismatische Aufgabe der Christen im Zeugnis gegenüber der Welt, daß im Innersten und Tiefsten nur derjenige liebesgewaltig sein kann, der in der Nähe Jesu lebt. Jesus, der menschgewordene Gott, ist nach den Synoptikern jener Ort der Schöpfung, wo das Wahre und Gute im Glanze der Herrlichkeit erscheint, schön wird. So müßte die Gestalt des Christen auch das Ergreifendste sein, das es in der Schöpfung geben kann.

Wenn wir diese Überlegungen, die sich aus der synoptischen Darstellungsweise Jesu ergeben, für uns selbst – heute und jetzt – weiterführen, dürfen wir sagen: Indem der Christ das Leben Jesu in sich selbst verdichtet, schafft er einen leuchtenden, von Gott „geladenen" Raum in der Weltwirklichkeit. Eine unermeßliche Kraft ist in den Christen verborgen, die Kraft der Gegenwart Jesu in der Welt. Das ist wohl auch der eigentliche Sinn des verbrauchten und abgegriffenen Wortes „Nachfolge Christi". Sie bedeutet nicht ein ängstliches und gleichschritthaltendes Nachtrotten, sondern ein Aufleuchtenlassen der Güte und Menschenfreundlichkeit Jesu in allen Situationen des Lebens, in Situationen vielleicht, in denen Jesus gar nicht stand.

Demnach wäre das christliche Leben wesenhaft ein Zeugnis. Es genügt nicht, wenn ein Christ am „Hauptsächlichen" festhält, die Wahrheiten des Christentums bekennt und den moralischen Forderungen Jesu nachlebt. Er muß die Existenz Jesu leuchtend vorleben für seine Mitmenschen. Der Christ hat die Aufgabe, die Gegenwart Jesu in sich selbst zu verdichten, eine Gegenwart, die ein Ja, ein Erbarmen, eine Güte und eine schlichte Menschenfreundlichkeit war. Ich habe in einem kurzen, schematischen und deshalb auch weitgehend unnuancierten Entwurf die Jesuserfahrung der Synoptischen Evangelien darzulegen versucht. Ich bin überzeugt davon, daß dieser Jesus auch für den heutigen Menschen der Erlöser ist.

Etwas Unheimliches hat sich hier in einem Menschenleben verwirklicht: die Freundlichkeit zu jedem Geschöpf.

Nach den Synoptikern war endlich ein Mensch unter uns, der das geknickte Rohr nicht brach und den glimmenden Docht nicht löschte, der rufen konnte: Kommt zu mir alle, die ihr voll Mühsal seid, ihr werdet Ruhe finden für eure Seelen. Jesus nahm unsere Not immer wahr, die Not einer armen Witwe von Naim, die Not der armen, kranken Frau, die nur den Saum seines Gewandes zu berühren wagte, die Not des Apostels Petrus, der ihn verriet und dem er mit einem einzigen Blick Reue und Verzeihung schenken konnte. Jesus war ein Mensch, der, weil er einfach nichts zu verbergen hatte, allen die Wahrheit zu sagen vermochte, der sich in leuchtender Klarheit vor die Menschen hinstellen konnte und durch sein schlichtes Dasein die Herzen in Bewegung brachte.

Diese leuchtende Menschenfreundlichkeit Jesu zu erfahren ist und bleibt nach den Synoptikern das Hauptziel des christlichen Lebens. Dabei entsteht etwas, das ich „synoptische Betrachtung" nennen möchte: Der Christ versucht in geduldiger, erlebender und nachvollziehender Vergegenwärtigung den Ereignissen des Lebens Jesu immer näher zu kommen, dringt in die Motive des Handelns und des Redens Jesu ein, setzt seine eigenen Motive in Beziehung dazu, wird innerlich berührt, empfindet Freude und Zugehörigkeit. Die Wirklichkeit Jesu fängt langsam an, durch das Dasein des Christen hindurchzuleuchten. Der Christ läßt die innere Gesetzlichkeit des menschenfreundlichen Lebens Jesu sich in seiner eigenen Weltsituation auswirken. Er wird zum Bejaher des Lebens, zum Helfer der Bedrückten und Freund der Beängstigten und Unterdrückten.

Nach den Synoptikern ist Jesus die Gnade Gottes an uns.

2

Das Herz
müßte brennen

Wie Jesus auf dem Weg nach Emmaus

JACQUES GAILLOT

Die Kirche existiert nicht für sich selbst, deshalb muß sie lernen zuzuhören, bevor sie spricht, – wie Jesus auf dem Weg nach Emmaus: Er überraschte durch sein langes und aufmerksames Zuhören. Er, der Auferstandene, begleitete seine Jünger, die ihn nicht erkannten. Er stellte ihnen Fragen und hörte sich lange ihre Probleme an, bevor er sich zu erkennen gab. Denn jetzt, nachdem sie ausgesprochen hatten, was ihnen am Herzen lag, waren sie für das Wesentliche bereit.

Was uns die Leute zu sagen haben, ist entscheidend. Damit sie aber wagen, es uns mitzuteilen, müssen wir in aller Bescheidenheit auf sie zugehen. Damit sie es sinnvoll finden, mit uns zu sprechen, müssen wir unseren Prunk und unsere Sicherheiten ablegen. Den Weg mit ihnen können wir nur gehen, wenn auch wir gelegentlich den Mut haben zu gestehen: „Ich weiß es auch nicht. Ich verstehe es nicht." Wir sollten ihre Fragen teilen und gemeinsam nach Antworten suchen.

Heute, da sich so vieles ändert, darf die Kirche nicht – besserwissend – über den Leuten stehen, auch nicht – teilnahmslos – neben ihnen, vielmehr – solidarisch, brüderlich – mit ihnen. Das Zweite Vatikanische Konzil hat uns auch diesbezüglich den Weg gewiesen: „Die Freuden und Hoffnungen, die Trauer und die Angst der Menschen dieser Zeit sind auch die Freuden und Hoffnungen, die Trauer und die Angst der Söhne der Kirche." Die folgenden Beispiele, aus denen ich selber viel gelernt habe, illustrieren diese Sicht der Kirche wohl am besten:

Annie sah keine andere Lösung als die Abtreibung. Ihr Freund war verschwunden, gleichzeitig verlor sie ihre Stelle. Welche Zukunft hätte sie ihrem Kind bieten können? Dann kam ihr Freundeskreis in Bewegung. Ihre Freunde gaben ihr Schutz, und es gelang ihnen, für Annie Arbeit zu finden. Weil sie nicht mehr allein war, hat Annie ihr Baby behalten … Andere haben in ihrer Umgebung weder Gehör noch Hilfe gefunden. Mußte ich sie deswegen verurteilen, wenn sie sich mir anvertrauten? Ich bin nicht, wie man es zu oft geschrieben hat, für „die Pille danach", und ich betrachte die Abtreibung als ein Versagen. Aber bin ich verpflichtet, mich über die Ratlosigkeit, in der sich manche Frauen befinden, hinwegzusetzen? Bin ich verpflichtet zu richten, zu verletzen und mit Strafe zu drohen? Oder bin ich nicht vielmehr verpflichtet, was geschehen ist, versuchsweise zu verstehen, um die konkrete, gegenwärtige Lebensrealität und die Zukunftsmöglichkeiten zu erfassen?

Marc kommt, um im Bischofshaus Zuflucht zu suchen. Er hat zu viel getrunken. Seine Frau und seine Kinder warten zu Hause auf ihn. Ich gebe ihm einen Kaffee und lade ihn ein, sich zu wärmen. Anschließend drückt er meinen Mitarbeitern gegenüber sein Erstaunen aus: „Das ist komisch! Der Bischof hat mir keine Moralpredigt gehalten." Von sich aus erzählt er mir später von seiner Familie und seiner Verantwortung.

In der Aumônerie des Gefängnisses von Évreux begegnete ich Hervé. Er kam nicht, um den Bischof zu sehen. Aus dem Bischof machte er sich nichts. In der Aumônerie gab es Kuchen und Kaffee, und das interessierte Hervé. Wir kamen ins Gespräch. Und er sagte mir, er würde in zwei Gefängnissen leben. Das Gefängnis mit den Mauern, Zellen und Gittern, das sei nicht das härteste Gefängnis. „Wenn ich hier bin", sagte Hervé, „so liegt das am Quatsch, den ich gemacht habe." Aber das andere Gefängnis, „das man in sich trägt, das man einfach nicht öffnen kann", das sei viel schrecklicher. – Wir haben oft miteinander gesprochen. Ich habe ihn nicht danach gefragt, was er getan hat und ob er es bereuen würde, ich habe ihm auch kein Missale oder Heiligenbild geschenkt. Ich bin nicht einmal sicher, ob ich Gott erwähnt habe. Vermutlich habe ich es getan, denn einen Tag nach meiner Absetzung – ein eigenartiger Zufall: Hervé war am selben Tag freigekommen – machte er mir in einem Interview mit einem Journalisten das schönste Kompliment: „Das Evangelium ist für alle geschrieben worden. Als Jacques Gaillot mir davon erzählte, hatte ich allerdings den Eindruck, es sei einzig und allein für mich gemacht worden, es würde nur mich kennen."

Man hat mir vorgeworfen, ich würde in meinen Stellungnahmen das Wort „Gott" nicht genügend oft erwähnen. Einige „Besessene" gingen sogar so weit, daß sie zählten, um sicher zu gehen: „Sind Sie sich bewußt", sagte mir einmal einer dieser Kleinkarierten, „daß Sie zehn Minuten diskutiert haben und dabei kein einziges Mal den Namen Gottes ausgesprochen haben." Ich antwortete ihm, daß man die Frohe Botschaft nicht dadurch bezeuge, daß man den Namen Gottes erzähle. Die Gute Nachricht wird vielmehr zur Botschaft, wenn unsere menschlichen Beziehungen echt sind.

Hat er das verstanden? Hat er verstanden, was die Philosophin Simone Weil einmal so ausgedrückt hat: „Nicht an der Art und Weise, wie jemand von Gott spricht, sehe ich, ob jemand die göttliche Liebe erfahren hat, sondern an der Art und Weise, wie jemand von den alltäglichen Dingen spricht."

Gegenüber den Menschen, die ein schweres Leben haben, versuche ich meine Aufmerksamkeit auf die alltäglichen Dinge zu lenken, auf ihre Schicksale und ihre Hoffnungen. Ich wende mich ihrem Unglück zu, nicht ihrem vielleicht fragwürdigen Lebenswandel. Ich komme nicht mit der strengen Lehre der Kirche. Ich greife nicht auf die Moral zurück. Es wäre ebenfalls absurd und verletzend, Völkern, die hungern, Ökologie zu predigen, weil sie die Umgebung plündern. Die Probleme rund um die Ozonschicht, die Zerstörung der Wälder, die Verunreinigung des Wassers sind für die Menschen, die Tag für Tag um ihr Überleben kämpfen, keine Themen.

Niemand weiß, wie sehr die unglücklichen und bedrückten Menschen darunter leiden, daß wir nicht auf sie hören, daß sich ihre Klagen und ihr Protest im Wind unserer Gleichgültigkeit verlieren. Im Kontakt mit den Gefangenen, Kranken, Drogensüchtigen, Arbeitslosen, Behinderten, am „Krankenbett" all jener, die das Leben ausgeschlossen hat, kann sich ereignen, was Francis Thompson geschrieben hat:

„Ich habe meine Seele gesucht,
ich habe sie nicht entdecken können.

Ich habe meinen Gott gesucht,
er hat sich mir entzogen.

Ich habe meinen Bruder gesucht,
und ich habe alle drei gefunden."

Umkehr aus der Depression

TIEMO RAINER PETERS

Jesus ging mit hinein,
um bei ihnen zu bleiben.
Und als er mit ihnen bei Tisch war,
nahm er das Brot
und gab es ihnen.
Da gingen ihnen die Augen auf,
und sie erkannten ihn;
dann sahen sie ihn nicht mehr.
Lk 24,29b–31

Für die beiden Jünger wird der Weg nach Emmaus, wo sie gewohnt haben dürften, schwerer als sonst. Ihre Hoffnungen sind zerbrochen, ihr Einsatz verspielt, ihre Identität bedroht. Wie auch immer: Der Weg der Nachfolge würde in eine andere Richtung gehen, jedenfalls nicht nach Emmaus.

Wie diese Depression beendet wird, davon will die Geschichte berichten. Aber sie will auch von den unmöglichen Wegen sprechen, auf denen wir zum Glauben kommen.

Den Jüngern ist alles bekannt, was man über Jesu Leben und Sterben und über seine angebliche Auferstehung wissen konnte: daß er ein Prophet war, daß er hingerichtet und ins Grab gelegt wurde, nach dem Zeugnis einiger Frauen dort aber nicht geblieben sei, sondern, wie Engel verkündet haben sollen, zum Leben erweckt worden sei.

Die Emmausjünger sind Beobachter, Zuschauer und Gerüchtesammler. Alle Daten nehmen sie auf, diskutieren sie gründlich und werden darüber immer trauriger. Währenddessen ist Jesus bei ihnen. Zwar begleitet er sie auf ihrem Weg und spricht in einer Weise über den Messias, daß den Jüngern eigentlich die Augen hätten aufgehen müssen. Aber er kann ihnen nicht helfen.

Es gibt da ein Mißverständnis, das durch keine noch so authentische Belehrung aus der Welt geschafft werden kann (außer, es würde eine neue Erfahrung hinzutreten): Die Jünger hatten sich Jesus als einen Heiland in Kraft und Herrlichkeit vorgestellt. Sie glaubten, er werde das Volk nach Art der Mächtigen befreien, von oben her. Zudem waren sie der Überzeugung, er werde es in Verbindung mit denen tun, die den Glauben an diesen herrschaftlichen Messias lebendig hielten und schützten: den Hohenpriestern, Schriftgelehrten und Pharisäern. Doch ausgerechnet diese hatten Jesus den politischen Instanzen überantwortet.

Wie gleichen sich die Erwartungen der Jünger und der Offiziellen! Beiden ist die Wahrheit verborgen, daß Jesus keine Befreiung von oben wollte, als messianische Bestätigung und Verherrlichung des Bestehenden. Vielmehr wollte er eine Befreiung von unten. Was er beabsichtigte, war die Erfüllung der Sehnsucht der Armen, der Sünder, der Fremden und wenig Geachteten – gegen die Erwartungen der Wohlangesehenen und Besitzenden.

Auf dem Weg nach Emmaus sind die Jünger dabei, Jesus auch noch in ihrer Trauer und Verzweiflung zu verraten. Alle möglichen Zeugen des Auferstandenen begegnen ihnen; Jesus selbst erläutert ihnen die Notwendigkeit seines Leidens und Sterbens; sogar das Herz brennt ihnen, wie sie später feststellen (Lk 24,32). Dennoch verstehen sie nichts, solange sie von der Voraussetzung ausgehen, Erlösung müsse als eine Macht von außen kommen und der Auferstandene müsse ihnen triumphal begegnen, um nun endlich seine Macht zu demonstrieren.

Was müßte geschehen, damit sich verblendete Augen öffnen, damit Auferstehung geglaubt werden kann? Die Geschichte will es uns zweifellos sagen: Gott selbst müßte eingreifen. Doch wie erfährt man das? Wie begegnen die Emmausjünger diesem Gott?

Das Dorf ist erreicht. Die Begegnung strebt ihrem Höhepunkt zu. Pessimismus und Resignation, die über der Erzählung lagen, treten zurück. Nur eins ist jetzt noch wichtig: „Bleib doch bei uns; denn es wird bald Abend" (Lk 24,29).

Was nun geschieht, ist weniger spektakulär, als es auf den ersten Blick erscheint. Jesus bricht das Brot. Damit nimmt er ein Privileg in Anspruch, das jedem Gast zusteht. Aber eben diese Normalität und Alltäglichkeit der Gastfreundschaft, die gewöhnliche Erfahrung des Miteinander-Essens und des Angewiesenseins auf den Fremden; die Erfahrung, daß das Brot geteilt wird, schafft die Voraussetzung für eine neue Erkenntnis und holt die Jünger endgültig aus ihren Träumen und ihren Grübeleien auf die Erde zurück.

Daß ihre Augen geöffnet werden, meint vor allem dies: Sie bringen das Brotbrechen in eine direkte Verbindung mit dem leidenden Messias, von dem der Fremde gesprochen hatte. Jetzt begreifen sie: Der Messias ist vergeblich von oben her, in Macht und Herrlichkeit zu erwarten. Auch offenbart er sich nicht in spektakulärer Weise von außen. Vielmehr begegnet man ihm dort, wo er zeitlebens war: in der Unscheinbarkeit und Gefährdetheit praktizierter Freundschaft und Liebe. In dem Augenblick, da ihnen dies aufgeht, sind sie sich sicher, daß es der Messias ist, der mit ihnen das Brot bricht.

Doch schon laufen sie wieder Gefahr, ihre Erfahrung festhalten zu wollen, den Messias also von der Praxis des Teilens zu isolieren. In diesem Augenblick sehen sie ihn nicht mehr. Er wird ungreifbar, unbegreifbar – wie Gott. Nicht weniger als dies wird den Jüngern unmittelbar bewußt.

Als sie den Weg nach Emmaus, das heißt den Weg nach Hause antraten, war dies nicht der Weg der Nachfolge, sondern der Weg der Resignation und der enttäuschten Hoffnung. Jetzt, da sie den Messias beim Brotbrechen erkannt und darin den Auferstandenen erfahren haben, müssen sie sofort nach Jerusalem – das heißt auf den Weg der Nachfolge – zurück, noch in der Nacht!

Schließlich kann niemand mit einer solchen Erfahrung bleiben, wo er ist, geschweige denn, sich mit ihr zu Hause einrichten. Jedenfalls damals nicht. Wenn es heute üblicherweise geschieht, sind es vielleicht nicht mehr diese Erfahrungen. Die Jünger müssen also augenblicklich nach Jerusalem zurück. Sie müssen zu den Brüdern und dann dorthin, wo das Brot nicht nur aus Gastfreundschaft geteilt wird, sondern geteilt wird als „Brot des Überlebens", um Leben zu retten und die Ostererfahrung: „Auferstanden von den Toten" mit einem gelebten Inhalt zu verbinden.

Interesse am Menschen

KARL HEINZ SCHMITT

Als einer nach dem eigentlichen Defizit der Kirche in der Bundesrepublik gefragt wurde, äußerte er spontan: „Ich habe den Eindruck, der Kirche fehlt das wirkliche Interesse am Menschen." – Man kann den Gottesnamen „Jahwe" ins Lateinische übertragen: Inter-esse, d. h. „Dazwischensein". Manchmal helfen begriffliche Annäherungen, eine Wirklichkeit neu zu erfassen; d. h. wir glauben einem Gott, der ein unbedingtes Interesse am Menschen und seiner Lebenswelt hat.

Das ist der Gott, dem wir glauben. Aber dieses Interesse Gottes hat sich in den Erfahrungen der Menschen recht ambivalent dargestellt. Davon zeugt die Geschichte des Alten Bundes. Gott ist oft als lebensfördernd erfahren worden, aber auch als der Abwesende, als der, demgegenüber man unsicher wurde. Dennoch ist er derjenige, der ein unbedingtes Interesse an seinem Volk hat, an dessen Nachkommenschaft, an dem Land, das er ihm verheißen hat.

Dieser Gott hat sein unbedingtes Interesse uns Menschen in eindeutiger Weise zugänglich gemacht in der Menschwerdung Jesu Christi. In ihm, seinem Leben, Sterben und in seiner Auferstehung kann das Interesse Gottes eindeutig erfahren werden. Und so können wir das Neue Testament lesen als die Beziehungsgeschichte Gottes zum Menschen und erkennen, welches konkrete Interesse Gott am Menschen hat. Im Neuen Testament lassen sich die Grundinteressen Gottes entdecken.

Ein erstes: Dieser Gott hat ein *anerkennendes Interesse.* Er möchte jedem einzelnen zu seiner Anerkennung verhelfen, vor allen Dingen denen, die unter den gängigen gesellschaftlichen Verhältnissen nicht anerkannt werden. So verschafft er den aufgrund ihres Alters nicht ernstgenommenen Kindern Anerkennung. So verhilft er der Frau, die aufgrund ihres Geschlechts wenig gilt, durch seine Gespräche und Zuwendungen zu Ansehen. So verschafft er dem politisch und religiös Andersdenkenden, wie dem Samariter, Anerkennung. So schließlich verhilft er auch dem wirtschaftskriminellen Pächter einer Zollstation, Zachäus, zu wirklicher Wertschätzung. Er gibt diesen gering geschätzten Menschen neues Ansehen. In der Christus-Beziehung geht ihnen auf, daß sie wieder etwas gelten können vor sich und vor anderen.

Eine zweite Beziehungsaufnahme ist die Beziehung der *Heilung.* Sie meint ja immer mehr als nur das organisch Wieder-gesund-Machen, sie meint: „Geh wieder zu denen, mit denen du sonst zusammenlebst." Krankheit isoliert vom Leben, Heilung führt wieder ein in Lebenszusammenhänge. Christus schafft neue Lebenszusammenhänge, eröffnet neue Lebensmöglichkeiten.

Eine dritte Beziehungsaufnahme sehen wir da, wo jemand sich durch eigene Schuld isoliert hat. Jesus ermöglicht durch *Vergebung* neues Leben, neue Gemeinschaft. Das Trennende der Schuld wird aufgehoben.

Schließlich ist da ein *solidarisches Interesse* mit Menschen in ausweglosen Situationen, bis in die Nacht des Sterbens und des Todes: Jesus hält mit aus, bleibt dabei, ist Gott bei den Menschen – hinabgestiegen in das Reich des Todes.

Den Menschen, die von Jesus Christus unmittelbar Anerkennung, Heilung, Vergebung und Solidarität erfahren hatten, brauchte man nicht zu demonstrieren, wozu der Glaube an Gott, seinen Vater, gut ist. Sie spürten leibhaftig, was es bedeutet, wenn man ihm seinen Vater glaubt. Sie erfuhren, welche Lebensbedeutung der Glaube hat, nicht im intellektuellen Sinne, sondern als ein *Lebenswissen.* Sie haben in ihrem Leben erfahren, daß es guttut, sich auf diesen Gott, auf sein Inter-esse, einzulassen […].

Entscheidend ist deshalb die Frage: Inwieweit sind unsere Gemeinden und ist unsere Kirche als menschliche Gemeinde Ort der Erfahrung, an dem wenigstens zeichen- und anfanghaft Anerkennung, Heilung, Vergebung und Solidarität erlebbar sind? Kommen Menschen zu uns Christen, wenn sie gesellschaftlich nicht anerkannt oder schuldig geworden sind? Kirche ist Vergebung. Nun haben wir die Sorge, daß die vergebende Hand der Kirche nicht mehr ergriffen wird. Wir bieten das Sakrament der Beichte an, ohne daß es von vielen angenommen wird. Daraus schließen wir zu schnell, die Menschen wären nicht mehr bereit, das Vergebungsangebot, das vergebende Interesse Gottes, anzunehmen. Hängt dies aber nicht damit zusammen, daß wir als Kirche Schuld überhaupt nicht zulassen, daß der Schuldige erst gar nicht seinen Ort findet in der Kirche, daß zu schnell Vergebung angeboten wird, bevor die Schuld zugelassen wird? Sind wir wirklich das, was das Neue Testament von denen sagt, zu denen die Reich-Gottes-Botschaft kommt: die Gemeinde und die Kirche der Sünder? Ich gestehe, ich selbst und viele Mitmenschen betrachten uns eher als die Gemeinde der relativ anständigen Menschen unserer Gesellschaft, nicht als die Gemeinde der Schuldigen, der Sünder, die als solche von außen kritisiert werden. Warum lassen wir es nicht zu, Gemeinschaft der Sünder zu sein? Warum können wir nicht unter Christen Schuld offen eingestehen?

Nach einem Vortrag zu diesem Thema sagte ein junger Mann: „Das kann ich in der Kirche nicht, das finde ich aber in anderen Gruppen, da können wir offen miteinander umgehen. In der Kirche habe ich immer das Gefühl, hier wird gleich moralisch bewertet und beurteilt. Man sieht überhaupt nicht hin und hört nicht genau zu, wie und was denn die Schuld mit jemandem macht"! – Diese kritische Anfrage an Kirche und Gemeinde erinnert mich daran, daß Jesus vor allen Dingen dadurch Anstoß erregte, daß er sich bei Sündern aufhielt. Welche unserer Gemeinden erregt dadurch heute Ärgernis, daß in ihr „Sünder" ihren Platz haben? Was ist zu tun, damit wir in und durch unsere Gemeinde wieder neu Sakrament, Heilsbewegung für uns selbst und andere werden?

„Das Miteinander war zu dünn"

Und ein weiteres Ereignis. Ein Pfarrer berichtet: „Im vergangenen Jahr hatte ich unsere 16 Firmlinge zum Einzelgespräch. Ein Mädchen kam in dem Gespräch mit mir zu der Entscheidung, sich nicht firmen zu lassen. Sechs Jahre vorher hatte ich sie mit zur Ersten heiligen Kommunion geführt. Ich war nicht ganz ohne Kontakt zur Familie. Sehr selten waren die Eltern im Gottesdienst. Das Mädchen besuchte mich einige Jahre hindurch in meiner Wohnung, zusammen mit einer Freundin. Die Mutter erkrankte an multipler Sklerose. Der Vater verließ die Mutter. Nun, mit 14 Jahren, war die Tochter ausgezogen in eine Wohngemeinschaft mit älteren Jugendlichen. Sie hatte noch Erinnerungen an das, was sie mit uns geteilt hatte – sogar sympathische Erinnerungen. Aber der Austausch hatte nicht genügt. Wir waren nicht genug im Gespräch geblieben. In ihrer unmittelbaren, alltäglichen Nähe war niemand, der das, was da geschah – Krankheit und Untreue – mit ihr im Glauben hätte teilen und besprechen können. In ihrer Hilfslosigkeit half ihr eine andere Gruppe – nicht unsere Gemeinde. Wir blieben ihr in ihrer Not zu fern. … Unser Firmling hatte in dem vergangenen Jahr nicht nur keine Christen in seiner alltäglichen Nähe; das Mädchen hatte auch keine Christen, die mit ihr im sprechenden Austausch ihr Leben hätten teilen können. Etwas war in dem Treffen zur Hinführung der Firmung geschehen. Es war zu wenig. Das Miteinander war zu dünn, der Austausch war zu sehr saisonal. Und dieses Mädchen ist in unserer Gemeinde keine Ausnahme, sondern nur darin, daß sie die Konsequenzen zog."

Solche Erfahrungen sind Hinweise darauf, daß unsere Worte der Anteilnahme, der Solidarität, der Versöhnung und Vergebung, Worte, die zum Frieden mit uns selbst und untereinander, mit unserer Lebenswelt und mit Gott führen sollen, alleine nicht genügen. Vielleicht sind es gar zu viele Worte, die wir machen im Religionsunterricht, in der Gemeindekatechese, in der Predigt und wo sonst. Entscheidender als solche Worte sind für die Vermittlung einer christlichen Lebensart vor allem Begegnungen und Orte, d.h. christliche Gemeinschaften, in denen wirkliche Anteilnahme, Zugegensein, Solidarität und Vergebung erfahren wird. Vermittlung des Glaubens gelingt nach meinen Beobachtungen nur dort, wo das Leben geteilt wird. Erst in diesem Zusammenhang wird Glauben wirklich möglich.

Dialog oder Monolog?

HEINRICH FRIES

An diesen jüngsten Äußerungen des Lehramts wird deutlich, daß heute an die Stelle des im Konzil empfohlenen Dialogs und der Kommunikation auch zwischen Lehramt und Theologie der *Monolog* und *die Pflicht zum Gehorsam* getreten ist, daß als höchste Tugend des Katholiken die strikte Befolgung der lehramtlichen Weisungen angesehen wird, zugleich als Maß der Kirchlichkeit. Das alles ist um so problematischer, als aus der Offenbarung selbst, die der Kirche und ihrer Autorität anvertraut ist, für die konkrete Frage der erst in unserer Zeit akut gewordenen Probleme wie die der Geburtenregelung nichts zu entnehmen ist. Diese Frage kann deshalb nicht in den Rang einer Offenbarungswahrheit erhoben werden. Wie problematisch die Berufung auf die Natur des Menschen ist, wird deutlich, wenn die Natur rein biologisch verstanden wird. Damit wird übersehen, daß die Natur des Menschen durch Verstand, Willen und Entscheidungsfreiheit bestimmt wird und damit einen größeren Raum der Freiheit gewinnt, als es die Determination durch die Biologie allein zuläßt. Unsere jetzige Existenz, Kultur und Zivilisation, die Errungenschaften der gegenwärtigen Medizin beruhen auf vielfältigsten Eingriffen in die Natur und ihre Indienststellung für den Menschen.

Zu welchen Konsequenzen die Berufung auf die Natur des Menschen führen kann, zeigt das im letzten Jahrhundert ausgesprochene Verbot der Pockenschutzimpfung als Eingriff in die Versehung Gottes.

Es ist indes keineswegs so, daß die *Autorität* als solche heute generell abgelehnt wird. Sie wird akzeptiert und sogar dankbar angenommen, wenn sie argumentativ, aus Gründen und Einsichten des Glaubens überzeugt und sich als kompetent erweist. Wenn und wo aber die Autorität nur auf sich selbst pocht und beruft und weitere Fragen und Diskussionen verbietet, stoßen ihre Weisungen auf Widerspruch, sie werden nicht übernommen zum großen Schaden der Autorität selbst. Dadurch entsteht jene Polarisation in der Kirche, die heute vielfach beklagt wird. Bernhard Häring sprach von einem heute manifest gewordenen psychologischen Schisma; auf der einen Seite der Triumphgesang der Intransigenten (der Unversöhnlichen, zu keinem Kompromiß Bereiten), auf der anderen Seite Zorn, Mißtrauen, antirömischer Affekt und als Ergebnis die Distanzierung vieler von der Kirche und der Abschied von ihr. Zu all dem kommt ein Klima der Verketzerung, der Anfeindung und der Denunziation, das die noch vorhandenen Reste an Vertrauen vollends zu zerstören droht. Das Ganze führt zu Selbstzerstörung der Autorität. „Die Verantwortlichen in der Kirche selbst zerstören ihre Autorität. Durch ihr Handeln oder Nichthandeln bewirken sie, daß das Vertrauen schwindet und damit die Voraussetzungen, die allein Anerkennung und Gefolgschaft sichern könnten. Daher nützen Aufforderungen zum Gehorsam oder sonstige Versuche zur Disziplin überhaupt nichts. Sie verschärfen nur die Probleme und tragen dazu bei, daß sich immer mehr Menschen von der Kirche in ihrer derzeitigen Verfassung abwenden."[1]

3

Was Menschen bewegt

Was bewegt mich, andere zum Glauben zu bewegen?

Denkmäler christlichen Lebens genügen nicht!

KARL HEINZ SCHMITT

Von Papst Johannes XXIII. stammt ein Bild, mit dem er die Beziehung der Kirche zu jedem einzelnen und zur Gesellschaft beschreibt: „Die Kirche ist wie der Brunnen im Dorf, an dem alle ihren Durst stillen." Ein schönes Bild! Aber trifft es wirklich zu? Wer stillt denn noch seinen Durst bei der Kirche, bei der christlichen Gemeinde? Alle? Oder doch immer weniger? Die Zahlen schwindender Gottesdienstbesucher und zunehmender Kirchenaustritte sprechen hier eine deutliche Sprache. Und die anderen, die sich noch zugehörig fühlen: Welchen Durst stillen sie bei der Kirche? Ihren Lebensdurst? Ihren Durst nach Heimat und Geborgenheit? Ihren Durst nach Anerkennung und Frieden? Ihren politischen Durst? Ihren sozialen Durst? Ihren Freizeitdurst?

Das, was Menschen zum Leben brauchen, suchen sie nicht mehr in erster Linie bei der Kirche. Zur Sicherung all unserer Lebensbedürfnisse sind wir vielmehr an ein recht komplexes Versorgungssystem unserer Gesellschaft angeschlossen. Ähnlich wie wir das lebensnotwendige Wasser nicht mehr am Brunnen im Dorf schöpfen, sondern an ein Wasserleitungssystem angeschlossen sind, so werden wir mit all dem, was wir sonst zum Lebensunterhalt benötigen, zur Befriedigung unseres Informationsbedürfnisses, zur Gestaltung unserer Freizeit, zur Sicherung der Gesundheit, zur

Ermöglichung einer Ausbildung usw. durch ein Versorgungsnetz unserer Gesellschaft bedient.

Aber stillen die Kirchen nicht wenigstens den religiösen Durst? Oder gibt es diesen Durst nach Glaube, Gebet und Gott gar nicht mehr?

„Eine Zeit religiösen Verfalls"?

„Unsere Zeit ist eine Zeit religiösen Verfalls. Die permanente Vitalität des Religiösen ist verlorengegangen. Die Volksmasse ist entweder abergläubisch oder religiös gleichgültig geworden. Die Elite der Gesellschaft ist agnostisch oder skeptisch, und politische Führer sind Heuchler, die Jugend steht in einem offenen Konflikt mit der etablierten Gesellschaft und mit der Autorität der Vergangenheit; man experimentiert mit orientalischen Religionen und Meditationstechniken. Der größte Teil der Menschen ist vom Verfall der Zeiten angegriffen" (*Tacitus*: Annalen VI, 7; Übersetzung nach Schillebeeckx, aus: Robert Polt, Nun sag, wie hast Du's mit der Religion? Edition Tau, Bad Sauerbrunn 1991). Diese Aussagen, von Tacitus (um 55 – um 120) über die Stadt Rom geschrieben, erscheinen überraschend modern.

Häufig sprechen Kirchenvertreter von einem noch andauernden Prozeß der Säkularisierung, der allmählich alles „entzaubert" und somit in einer modernen Gesellschaft Religion überflüssig macht. Auch für Religionssoziologen galt noch bis vor 20 Jahren als ausgemacht, daß der Prozeß der Säkularisierung unumkehrbar sei und somit Religion allmählich bedeutungslos werde. Demgegenüber müssen aufmerksame Beobachter unserer Zeit heute wahrnehmen, daß die Menschen keineswegs unreligiös geworden sind. Offensichtlich gibt es eine unbeirrbare und hartnäckige Beharrungskraft der Religion. Ist der Mensch wirklich „unheilbar" religiös? [...].

Eines jedenfalls ist offensichtlich. Unsere Zeitgenossen stillen ihren religiösen Durst keineswegs nur bei den großen christlichen Kirchen. Im Gegenteil, wir haben es – ähnlich wie es Tacitus schon für Rom beschrieb – mit einer Vielfalt religiöser Meinungen und Bewegungen zu tun, denen sich Menschen heute zuwenden. Die beiden Großkirchen haben ihr Religionsmonopol längst verloren. Religion ist frei vagabundierend geworden.

Auffällig ist, daß es sich zumeist um eine außerkirchliche Religiosität handelt. Ausgerechnet in einer Zeit, in der Christen das Verdunsten christlicher Grundüberzeugungen selbst unter ihresgleichen beklagen und in der sich die Kirchen immer mehr leeren, entstehen außerhalb der christlichen Kirchen neue Formen von Religion: ein sehr schwer faßbares und kaum definierbares Gemisch von Mystik (bzw. dem, was sich dafür ausgibt), Esoterik, Anthroposophie, New Age, Formen östlicher Meditation u. a. m. Viele versuchen so, ihren Durst nach Religion zu stillen.

Ist also das Bild von der Kirche als einem „Brunnen im Dorf" völlig verfehlt, um das Verhältnis der heutigen Menschen zur Kirche zu beschreiben? Ein schönes, aber falsches Bild? Oder trifft es auf eine eigenartige Weise doch zu und beschreibt recht gut die Stellung der Kirche in unserer gegenwärtigen Gesellschaft?

Geht es den Kirchen nicht tatsächlich ähnlich wie den Brunnen in den Dörfern? Auch die Brunnen sind ja keineswegs aus den Dörfern verschwunden. Im Gegenteil, sie wurden restauriert, wiederaufgebaut und schön gestaltet. Sie stehen an ihrem alten Platz. Aber die Menschen gehen dort nicht mehr hin, um das für sie lebensnotwendige Wasser zu schöpfen und wichtige Nachrichten und Informationen auszutauschen. Das Wasser wäre auch ungenießbar, denn es ist ein durchlaufendes – nicht trinkbares Wasser geworden. Dennoch ist man stolz auf diese Brunnen, schaut sie an und zeigt sie Freunden und Bekannten als „Denkmäler" längst vergangener Zeiten.

Und die Kirchen in unseren Dörfern und Städten? Die meisten von ihnen wurden auch wiederaufgebaut, restauriert und neu gestaltet. Man legt Wert auf eine schöne Kirche am Ort. Tagsüber sind sie wenigstens zeitweise zur Besichtigung geöffnet, nachts hin und wieder angestrahlt.

Aber immer weniger Menschen gehen hinein, um dort etwas Lebensnotwendiges zu suchen und zu empfangen. Wie die Brunnen in den Dörfern sind viele Kirchen Denkmäler geworden. Erinnerung an längst vergangene Zeiten! Aber vielleicht ist es nicht einmal das Schlechteste, daß wir solche Denkmäler noch in unseren Städten und Dörfern haben. Anlässe zum Nach-denken: Denk-mal! Doch kann der Glaube mit Denkmälern überleben? Denkmäler christlichen Lebens genügen nicht!

Kirche – ein Ort von Lebenskunde?

Die lebenspraktische Bedeutung von Kirche und Glauben in den Bereichen der Wirtschaft, der Politik und des Erziehungswesens ist in den vergangenen Jahrzehnten fast verschwunden. Heute müssen wir feststellen, daß sie auch in den Fragen der Gestaltung von Ehe und Familie rapide zurückgegangen ist. 60 bis 70 % der Eltern erwarten zwar durchaus eine religiöse Erziehung ihrer Kinder. Verglichen mit anderen Erziehungszielen steht diese Erwartung jedoch weit unten. Relativ begrenzt sind auch die konkreten Erwartungen für das Leben, die junge Menschen und Erwachsene an ihre Kirche stellen. In der Liebesgeschichte der Menschen wird die kirchliche Moral eher als Störung empfunden; sie hilft offensichtlich nicht, in der Liebesgeschichte der Menschen die gestaltende Kraft der Liebesgeschichte Gottes heute wirksam werden zu lassen.

Es verwundert deshalb wenig, wenn auch Religionssoziologen das Erscheinen der Enzyklika „Humanae vitae" 1968 als ein Signal für den Abbruch des Gespräches vieler Menschen mit der Kirche in Bezug auf Ehe, Familie und Erziehung werten. Offensichtlich läßt sich hier ein deutlicher Einschnitt markieren, da sich viele katholische Christen in einer entscheidenden Frage – eben der Empfängnisregelung – von ihrer Kirche nicht mehr verstanden sahen.

In einem wesentlichen Teil ihres Lebens, ihrer persönlichen Beziehungs- und Liebesgeschichte, fühlten sie sich unverstanden und nur einseitig moralisch verurteilt. Dies hat zur Folge, daß viele auch in anderen wichtigen Lebensfragen nichts mehr von der Kirche erwarten. In den letzten Monaten wurde dies noch einmal dadurch bestätigt, daß entsprechende römische Verlautbarungen, die 25 Jahre später den Anspruch von „Humanae vitae" erneut deutlich herausstellten, von der Mehrzahl auch praktizierender Christen nicht einmal mehr wahrgenommen wurden. Reaktionen lösten solche Erklärungen nur noch in Theologenkreisen aus.

So stellt sich sehr ernsthaft die Frage, ob Kirche heute noch ein Ort von Lebenskunde ist. Und: Kann man als Christ in und mit der Kirche leben lernen?

Wo ist da der Skandal?

JACQUES GAILLOT

Wenn die Kirche in aller Bescheidenheit auf dem Weg ist mit Jugendlichen, die jede Orientierung verloren haben, mit Gefängnisinsassen, die den Aids-Virus in sich tragen, mit Menschen, die bei ihrer Arbeit im Gesundheitsbereich mit biogenetischen Experimenten ethisch konfrontiert sind, mit Männern und Frauen, die von ihrem Betrieb auf die Straße gesetzt werden, mit politisch Verantwortlichen, die vor schwerwiegenden Entscheidungen stehen, mit Ehepaaren, die schwere Zeiten durchmachen, dann findet sie auch oft das nötige Wort und die rechte Geste. Der gemeinsame Weg in Vertrauen und Geduld läßt einen echten Dialog entstehen. Auf einem solchen Weg kann die Kirche nicht mehr richten und verurteilen. Weil sie selbst „mit dabei" ist, verwandelt die Einsicht in die Situation auch ihre Sprech- und Handlungsweise. Sie gibt nicht mehr die Anweisung, was zu tun und zu lassen ist.

Die Kirche muß notwendig ganz Ohr sein für das Leben der Leute, sie muß ganz aufmerksam auf die Ereignisse und die Herausforderungen der Gesellschaft achten. Wie sollte sie das Evangelium anbieten, ohne zugleich Partei zu ergreifen für die Würde der Armen und gegen die Ungerechtigkeit? Es geht dabei um ihre Glaubwürdigkeit.

Solche Glaubwürdigkeit verpflichtet unter allen Umständen zur Wahrhaftigkeit. Von daher ergibt sich die Bedeutung der persönlichen Vermittlung. Jeder ist aufgerufen, Entscheidungen in seinem Gewissen zu treffen, und dort findet sich zuallererst der Ort, an dem Gott spricht. Was das Konzil dazu sagt, ist höchst aufschlußreich: „Im Innern seines Gewissens entdeckt der Mensch ein Gesetz, das er sich nicht selbst gibt, sondern dem er gehorchen muß. Denn der Mensch hat ein Gesetz, das von Gott seinem Herzen eingeschrieben ist, dem zu gehorchen eben seine Würde ist und gemäß dem er gerichtet werden wird. Das Gewissen ist die verborgenste Mitte und das Heiligtum im Menschen, wo er allein ist mit Gott, dessen Stimme in diesem seinem Innersten zu hören ist" (Gaudium et Spes, 16). Deutlicher kann man es nicht sagen. Das Wort der Kirche soll auf der Ebene des Gewissens gehört und aufgenommen werden.

Ich kenne freie und verantwortliche Christen, die der Kirche nahestehen. Sie erwarten von der Kirche keine Anweisungen bei den Entscheidungen, die sie zu treffen haben. Sie sind aber höchst aufgeschlossen für ein Wort des Evangeliums, das ihr Gewissen erhellt. Sie sind froh, wenn sie besser erkennen, woran sie ihr Handeln orientieren können, weil es nicht leicht ist, sich in einer Gesellschaft, die auf Grundlagen des Überflusses, des Profits und der Konkurrenz beruht, als Christ zu verhalten. Es werden vielerlei Lebensweisen in unserer Gesellschaft angeboten: Wie soll man da herausfinden, welche Wahl sich am Evangelium inspiriert? Dieses gemeinsame Unterwegssein, dem echtes Begegnen und Teilen vorausgehen muß, hat mich in den vergangenen Monaten bewegt, in verschiedenen Bereichen das Wort zu ergreifen, die alle mit der Zukunft der Menschen und mit der Verkündigung des Evangeliums zu tun haben. So kam es, daß ich auf der Bischofskonferenz in Lourdes einmal die Frage nach einer Weihe verheirateter Männer angesprochen habe. Ich habe allen Respekt vor der kirchlichen Ordnung in diesem Bereich, und meine Stellungnahme wollte weder als Protest noch als Provokation verstanden sein. Als Hirte, dem die Kirche von Évreux anvertraut ist, achte ich sorgfältig auf die missionarischen Erfordernisse der christlichen Gemeinden und besonders auch der jungen Menschen. Bei meinen Pastoralbesuchen stellen mir Christen, an deren Sinn für die Kirche nicht zu zweifeln ist, immer wieder die Frage nach der Priesterweihe für verheiratete Männer.

Diese Christen wissen, daß es ohne Priester keine Kirche gibt und daß die Eucharistie die Kirche auferbaut. Seit sie selbst für das Leben und die Sendung der Kirche Verantwortung übernommen haben, entdecken sie die Bedeutung und Notwendigkeit des priesterlichen Dienstes. Aufgrund ihrer Glaubensreife und ihres vielfältigen Engagements im Apostolat stellen sie hohe Ansprüche an die Priester, die sie brauchen. Wir leben in einer Zeit starker evangelischer Lebendigkeit, in der auch die Getauften selbst aus den Quellen schöpfen wollen.

Meine Aufgabe als Hirte ist es, für die geistlichen Bedürfnisse der Gemeinden zu sorgen und ihnen die nötigen Mittel zu geben, damit sie leben und im Glauben wachsen können. Was zählt, ist das Wohl, sind die Bedürfnisse des Volkes Gottes.

Dieses Volk hat ein Recht darauf, daß alles unternommen wird, damit ihm die von Christus angebotenen Geschenke auch bereitstehen. Als Hirte bin ich aber auch besorgt, wenn ich sehe, daß die gegenwärtige Praxis das Volk Gottes in ernste Nöte bringt. Ordnet die Kirche hier nicht das Wohl dieses Volkes disziplinarischen Gewohnheiten unter? Bringt sie nicht Wasserhähne an Stellen an, wo der Herr eigentlich Quellen erschlossen hat? Solche Fragen habe ich mir als ein Hirte gestellt, der um die Sendung besorgt ist und der weiß, daß diese Sendung Vorrang hat vor dem Lebensstand der Priester.

Es tut mir weh, wenn ich sehe, wieviel Kraft und Großherzigkeit gebremst, beengt, verschüttet wird, die doch in den pastoralen Dienst an den Glaubenden einfließen könnte. Ich bin persönlich dem Zölibat um Jesus und des Evangeliums willen zutiefst verbunden, einem Zölibat, der die pastorale Liebe anregt und der auch für die Gesellschaft von heute noch zeichenhaft bleibt.

Wenn das Zweite Vatikanische Konzil bekräftigt, daß es den Zölibat für das priesterliche Leben vorzieht, erwähnt es aber gleich anschließend auch die verheirateten Priester in den Ostkirchen: „Wenn diese Heilige Synode dennoch den kirchlichen Zölibat empfiehlt, will sie in keiner Weise jene andere Ordnung ändern, die in den Ostkirchen rechtmäßig Geltung hat; vielmehr ermahnt sie voll Liebe diejenigen, die als Verheiratete das Priestertum empfingen, sie möchten in ihrer heiligen Berufung ausharren und weiterhin mit ganzer Hingabe ihr Leben für die ihnen anvertraute Herde einsetzen" (Dekret über Dienst und Leben der Priester, Nr. 16).

Die Verpflichtung der Priester zum Zölibat muß wieder stärker als überlieferte Praxis unserer Kirche gesehen werden, die heute in den östlichen Bereichen ihres Verbreitungsgebietes gleichzeitig auch einen verheirateten Klerus kennt und respektiert. Dieser meist nur wenig bekannte Tatbestand ist aufschlußreich. Die katholischen Priester der Ostkirchen könnten sich eines Tages durchaus auch hier bei uns wiederfinden, wenn die Wechselfälle der Geschichte sie zwingen sollten, ihr Land zu verlassen (was heute im Libanon geschieht, läßt diese Möglichkeit keineswegs als Gedankenspielerei erscheinen). Dann hätten wir bei uns ebenfalls verheiratete Priester, die die Messe feiern und ihr Amt ausüben.

Ich weiß, daß es keine Wundermittel gibt und daß die örtlichen Gegebenheiten in der ganzen Welt sehr verschieden sind. Angesichts der uns drohenden Erstickung erscheint es mir aber wünschenswert, daß sich die Gemeinden mit dieser Frage in der Freiheit auseinandersetzen können, die das Evangelium gibt. „Was alle betrifft, muß auch von allen besprochen werden", lautet ein altes Sprichwort.

In der Vollversammlung in Lourdes habe ich noch eine zweite Angelegenheit vorgetragen, die allerdings auf einer anderen Ebene liegt und die man mit der vorherigen nicht vermengen sollte. Es ging dabei um die Priester, die verheiratet sind und deshalb ihr Amt nicht mehr ausüben. Viele von ihnen leiden darunter, sich von der Kirche ignoriert oder zurückgestoßen zu fühlen. Sie haben die besten Jahre ihres Lebens und ihrer Jugend in den Dienst der Kirche gestellt, aber von dem Tag an, an dem sie heirateten, sind sie nichts mehr. Ich wollte in Lourdes inmitten der Bischöfe einmal vielen von ihnen meine Stimme leihen und ein befreiendes Wort für sie laut aussprechen.

Man darf die verheirateten Priester nicht vergessen. Gott liebt sie. Im Evangelium gibt es keine ausweglose Situation. Welche Vergangenheit ein Mensch auch hat, ihm wird eine Zukunft angeboten. Wir versagen uns heute den Dienst, den verheiratete Priester der Kirche gern leisten würden, während viele Gemeinden von allen Seiten danach rufen.

Früher wäre mir eine solche Fragestellung nie in den Sinn gekommen. Und wenn es jemand gewagt hätte, sie vorzutragen, hätte ich mich innerlich dagegen gesträubt. Inzwischen aber habe ich durch allzu viele persönliche Lebensberichte zu mehr Wohlwollen und Verständnis für unlösbare Konfliktsituationen gefunden; allzu viele Gesprächspartner haben mir die Notwendigkeit einer Parteinahme der Hoffnung einsichtig gemacht und haben mein Verhältnis zum Leben und zum Evangelium verändert.

Wie geht's?

ANGELIKA MÖLLER

Wir tragen unsere Wunden innen.
Angeschossen – wir alle.
Mitten im Frieden,
mitten im Herzen
der Schmerz.

Danke, mir geht's gut!

Wir leben den Alltag
mit offenen Wunden,
begegnen einander
mit offenen Wunden,
lachen und lieben
mit offenen Wunden.

Danke, mir geht's gut!

Wir nennen uns „Freunde",
„Brüder und Schwestern",
„Geliebte",
und sind doch nicht fähig,
einander zu heilen.

Wir tragen unsere Wunden innen
aus Angst vor der Wahrheit.

– geht's gut? Danke!

Sanftmütiger Regierungsantritt

KURT KOCH

Der Regierungsantritt eines Königs oder eines Präsidenten läßt zumeist bereits einiges spüren vom Stil der bevorstehenden Regierungszeit. Wer sich schreiend und polternd von allem Anfang an in Szene setzt, von dem wird man befürchten müssen, daß er auch in seinem Regierungsstil die Ellbogen mächtig einsetzen und sie für die allerwichtigsten Glieder seines Körpers halten wird. Und wer schon bei der Einsetzung das große Wort führt, von dem wird man nicht unbedingt bedächtige Überlegenheit erwarten dürfen. Wie einer am Anfang auftritt, so wird er höchstwahrscheinlich auch später auftreten. Und darauf kann man sich gefaßt machen. Glücklicherweise gilt dies aber auch für den besten Fall, wenn der Regierungsantritt gute Zeiten verheißt.

Der schwere Weg der Sanftmut

Vom besten Fall eines verheißungsvollen Regierungsantrittes kündet das Fest der Darstellung des Herrn. In der Mitte dieses Festes steht die Ankunft des Herrn im Jerusalemer Tempel. Dazu greift es zurück auf den alttestamentlichen Propheten Maleachi, der den Bewohnern Jerusalems das Kommen des Herrn zum Tempel verheißt, um Israel zu erneuern: *„Seht, ich sende meinen Boten; er soll den Weg für mich bahnen. Dann kommt plötzlich zu seinem Tempel der Herr, den ihr sucht, und der Bote des Bundes, den ihr herbeiwünscht. Seht, er kommt!, spricht der Herr der Heere"* (3,1). Diese Verheißung erfüllt sich jetzt, da die Eltern Jesu ihr

Kind nach Jerusalem hinaufbringen, um es Gott zu weihen, wie es im Gesetz vorgesehen ist (Lk 2,22–40).

Jesus kommt in den Tempel und tritt seine Regierungszeit an. Zum ersten Mal begegnet er seinem Volk, das ihn gläubig erwartet. Dies geschieht genau am 40. Tag nach Weihnachten. Schon diese präzise Zeitangabe weist darauf hin, daß der Herr seinen Regierungsantritt nicht anders wählt als bereits seinen Welteintritt in der Geburt, nämlich in Armut und Ohnmacht. Erst recht aber zeigt die Person, die hier ihre Regierungszeit beginnt, wie diese aussehen wird. Der Herr kommt als Kind in den Tempel und damit in elementarer Sanftmut. Schon von allem Anfang an soll deutlich sein, welches der Regierungsstil dieses Kindes sein wird. Sein Regierungsmotto heißt, um es mit einem chinesischen Sprichwort auszudrücken: „Wer sanft auftritt, kommt weit!"

Ganz gewiß widerspricht zwar dieses Sprichwort zunächst unserer menschlichen Lebenserfahrung. Normalerweise versuchen wir Menschen, im Leben unbedingt voranzukommen, Karriere zu machen und es weit zu bringen; und dazu müssen wir uns durchsetzen können. Tiefer besehen jedoch verrät dieses chinesische Sprichwort menschliche Weitsicht. Denn wer Karriere machen, eine angesehene soziale Stellung erringen will und sich deshalb durchzusetzen versucht, dessen Erfolg aber auf aggressivem Auftreten beruht, der muß sich nicht wundern, wenn sein Erfolg plötzlich zusammenbricht, weil er erzwungen ist und deshalb auf Furcht und Gewalt basiert. Demgegenüber wird nur derjenige wirklich Erfolg haben, dessen Auftreten mit sympathischer Zuwendung und Achtung vor den anderen Menschen verbunden ist. Zu einem solchermaßen sanften Auftreten hält das chinesische Sprichwort an: „Wer sanft auftritt, kommt weit!"

Solche Sanftmut hat dabei überhaupt nichts mit Schwächlichkeit oder gar mit Feigheit zu tun. Ganz im Gegenteil! Wie das Wort schon sagt, bedeutet Sanftmut der Mut zu einem sanften Weg, um andere Menschen zu gewinnen.

Sanftmut erweist sich deshalb als der alternative Weg zu dem in unserer Welt allzu üblichen Weg der Gewalt. Diesem alternativen Weg trauen wir Menschen freilich nicht, und zwar nur deshalb nicht, weil er in der Geschichte der Politik und leider auch der Kirche bisher so äußerst selten beschritten worden ist. Trotzdem wird nur derjenige wahrhaft mutig sein, der den starken Mut aufbringt, diesen Weg zu gehen.

Jesus hat diesen Weg begonnen, wenn er ausgerechnet als Kind in den Tempel kommt, oder wohl besser: von seinen Eltern in den Tempel gebracht wird, um seine Regierung als Messias anzutreten. Damit zeichnet er von allem Anfang an den Weg vor, den er in seinem Leben gehen wird, nämlich den sanften Weg zu den Geschlagenen und Geknickten, zu den Schwachen und Gebrochenen. Und dies ist derselbe Weg, den Jesus auch seinen Jüngern auftragen wird: *„Selig die Sanftmütigen: denn sie werden das Land erben"* (Mt 5,5).

Kein Weg des Schreiens, Polterns und Blendens

Diesen keineswegs leichten, sondern äußerst beschwerlichen Weg wählt Jesus allerdings nicht als genialeres Mittel, um besser zum Erfolg zu kommen. Er wählt ihn vielmehr allein deshalb, weil Gott selbst keinen anderen Weg kennt. Mit seinem Weg der Sanftmut will Jesus die Sanftmut Gottes zu uns Menschen darstellen und leben. Denn der Weg Gottes zu uns Menschen ist nicht ein Weg des aufdringlichen Schreiens, Polterns und Blendens und damit ein Weg des Drucks und der Gewalt. Nein, Gottes Weg zu uns Menschen ist ein Weg der eindringlichen Einladung, des Anbietens und der Freundschaft und damit ein Weg der Sanftmut. Gott hat Mut zum Menschen und geht deshalb sanft mit ihm um: „Wer sanft auftritt, kommt weit!"

Von der Lebensweisheit dieses chinesischen Sprichwortes unterscheidet sich freilich auch Gott selbst in einem Punkt radikal. Gott geht allein deshalb sanft mit uns Menschen um, weil er sich selber nicht verleugnen kann und weil er uns nach unserer menschlichen Art und nicht nach unserer unmenschlichen Unart behandeln will. Gott wählt also nicht das sanfte Auftreten, weil es das bessere Rezept zum Erfolg ist, wie das chinesische Sprichwort annimmt. Denn nicht nur ist Erfolg, wie *Martin Buber* treffend gesagt hat, *„keiner der Namen Gottes“*; sondern Gott selbst könnte auch ein Liedlein davon singen, wie sehr gerade sein Weg der Sanftmut nicht vor Mißerfolg, Anfechtung und Ablehnung von seiten der Menschen bewahrt.

Es ist deshalb gut, daß das Risiko und der Mißerfolg des Weges der Sanftmut, den Jesus in seinem Leben gehen wird, bereits bei seinem Regierungsantritt zum Thema wird. Es ist der greise Simon, der das Kind im Tempel auf seine Arme nimmt und von ihm sagt: *„Dieser ist dazu bestimmt, daß viele in Israel durch ihn zu Fall kommen und viele aufgerichtet werden, und er wird ein Zeichen sein, dem widersprochen wird. Dadurch sollen die Gedanken vieler Menschen offenbar werden“* (Lk 2,34–35).

Ungangbar und naiv?

Der greise Simon nimmt mit jenen Worten die Zukunft des Kindes vorweg, das in Sanftmut geboren ist und in Sanftmut seine Regierungszeit beginnt. Denn es wird genau der sanftmütige Weg Jesu zu den Schwachen und Ohnmächtigen sein, weshalb Jesus zu einem Zeichen werden wird, dem widersprochen und an dem sich der energische Widerstand seiner Gegner entzünden wird. Offenbar ruft der Weg der Sanftmut bei den Menschen die hilflose Reaktion der Gewalt hervor – damals wie heute. Auch heute wird der Weg der Sanftmut mit Gewalt beantwortet, im Osten genauso wie im Westen, im Norden genauso wie im Süden: in Lateinamerika an Oscar Arnulfo Romero und in Polen an Jerzy

Popieluszko. Darin jedenfalls trifft sich die Welt, darin kommen selbst der Osten und der Westen überein, daß der Weg der Sanftmut nicht zum Erfolg rühren darf. Kein Wunder, daß – wiederum im Osten wie im Westen – der Weg der Sanftmut als ungangbar und naiv eingestuft wird.

Unbeirrbar aber hält Gott an diesem Weg fest, und zwar schlicht deshalb, weil Gewalt im umfangreichen Vokabular Gottes schlechterdings ein Fremdwort ist und bleibt. Darin liegt die provozierende Botschaft des Festes der Darstellung des Herrn, des dritten Weihnachtsfestes, das den tödlichen Ernstfall von Weihnachten in den Mittelpunkt stellt. Und es tut es dadurch, daß es uns einerseits nochmals nach Betlehem *zurück*führt und daß es uns andererseits auf Golgota *voraus*weist, daß es also die Armut der Krippe mit der Ohnmacht des Kreuzes untrennbar zusammenschließt.

Plädoyer für einen sanftmütigen Weg der Kirche

Wie gut ist es, daß es auch dieses dritte Weihnachtsfest gibt! Selbst wir Christen scheinen ja Legastheniker im Erlernen des Weges Gottes zu sein. Deshalb haben wir dieses dritte Weihnachtsfest besonders nötig. Unmißverständlich macht es klar, daß wir Weihnachten nur dann gerecht werden, wenn wir es als Fest der Geburt desjenigen sanftmütigen Gottessohnes feiern, dessen Weg der Sanftmut ihn ans gewaltsame Kreuz führen wird, und daß dieses Weihnachten auch für uns Christen harte Konsequenzen zeitigt. Das Fest der Darstellung des Herrn zeigt es dadurch, daß es den greisen Simon nicht nur auf die Zukunft des sanftmütigen Kindes vorausweisen, sondern ihn auch zu dessen Mutter sprechen läßt: *„Dir selbst aber wird ein Schwert durch die Seele dringen"* (Lk 2,35b).

Dieses dritte Weihnachtsfest spielt also mit ganz offenen Karten: Wer in dem sanftmütigen Kind Heil und Rettung findet und zugleich dessen gewahr wird, daß dieses Kind ein

Zeichen ist, das auf Widerspruch stoßen wird, der wird auch mit seiner eigenen Zukunft konfrontiert werden: „Auch dir wird ein Schwert durch die Seele dringen!" Gewiß kündet der greise Simeon diese Zukunft zunächst Maria, der Mutter Jesu, an. Doch dieses Wort gilt nicht nur Maria, sondern es gilt jedem Christen und der christlichen Kirche als ganzer. Denn Maria ist das Spiegel- und Urbild der Kirche. Und wir haben kein Recht, Maria nur dann als Urbild der Kirche zu preisen, wenn es um Herrlichkeit und Vollendung geht. Maria ist vielmehr auch darin das Urbild der Kirche, daß in ihrem Leidensweg auch der Kreuzweg der Kirche vorgezeichnet ist. [...]

Von daher will uns das Fest der Darstellung des Herrn neuen Mut machen zum Weg der Sanftmut. Es will uns ermutigen, unbeirrbar Jesus auf dem Weg nachzufolgen, den er bei seinem Regierungsantritt begonnen hat, und uns sein Regierungsprogramm zu eigen zu machen. Denn Christen, die in der Nachfolge Jesu stehen, sind von Gott gesandt, den Weg der Sanftmut zu gehen, nicht etwa deshalb, um damit ein besseres Mittel zum Erfolg zu wählen, sondern um auf diesem Weg die Sanftmut Gottes selbst zu uns Menschen zu bezeugen und in unserer Welt anschaulich zu machen.

4

Dienend besorgt, frei, geschwisterlich

Dreißig Jahre nach dem
Zweiten Vatikanischen Konzil

HEINRICH FRIES

Dreißig Jahre nach dem Ende des Zweiten Vatikanischen Konzils ist für manche eine sehr lange, für andere eine sehr kurze Zeit. Doch darauf kommt es nicht an, sondern auf das, was im Konzil geschehen und was daraus geworden ist. Das Konzil war das wichtigste Ereignis in der katholischen Kirche in diesem Jahrhundert. Die Erinnerung daran ist weder Ablenkung noch Zeitverschwendung, sondern die Möglichkeit, die Gegenwart und die Zukunft zu bestehen.

Hinwendung zur Welt und zum Menschen

Als das Konzil zu Ende ging, herrschte in der katholischen Kirche fast allgemein Hochstimmung. Die Konzilsbotschaft: Freude und Hoffnung, Hinwendung zur Welt und zum Menschen, Öffnung der Fenster und Türen, war gleichsam die Grundmelodie dieser Tage. Man war glücklich und stolz, dieser Kirche anzugehören und mit ihr in eine neue Zeit zu gehen. Die Katholiken, die christlichen Kirchen, ja die Weltöffentlichkeit haben am Konzilsgeschehen lebendigen Anteil genommen, voller Sympathie und Bewunderung. Man hatte der alten Kirche eine solche Erneuerungskraft nicht zugetraut.

Die Anliegen des Konzils wurden in der Gesamtkirche übernommen. So die Bestimmung der Kirche als Volk Gottes, was im Grunde bedeutet: Wir sind, auch als Kirche, das

Volk. Papst, Bischöfe und Klerus sind für das Volk da, nicht umgekehrt. Ihr Dienst ist die Pflege der Gemeinschaft, der Einheit und des Friedens in der Kirche. Der Hauptort der Kirche ist nicht die Kurie in Rom, sondern die Kirche am Ort. Aus und in den Ortskirchen besteht die Weltkirche. Zwischen den Ortskirchen soll das Prinzip der Geschwisterlichkeit maßgeblich sein, was lebendigen Austausch, Dialog und Kommunikation einschließt.

Das Ziel des Konzils hieß Erneuerung der Kirche. Durch die Erneuerung soll der Weg zur Einheit der Christen und der Religionen bereitet, also zur Ökumene werden. Es genügt deshalb nicht, die alten Wahrheiten in alten Formen zu wiederholen – es geht darum, das Evangelium als Botschaft der Freude, der Gerechtigkeit, des Friedens und der Freiheit gegenwärtig zu machen und glaubwürdig zu vermitteln.

Ich breche hier ab, obwohl noch vieles zu sagen wäre; ich wollte nur einen Eindruck und eine Erinnerung vermitteln. Ich fasse sie zusammen in einem Wort, das damals Mario von Galli prägte: Kirche, wie bist du jung, Kirche, wie bist du schön!

Geschichte eines zunehmenden Zerfalls?

Und wie ist es heute, dreißig Jahre danach? Es ist anders geworden. Auch hier genügen Stichworte: Das Ansehen der katholischen Kirche ist in unserer Gesellschaft rapide geschwunden. Ein Blick in die Medien zeigt dies jeden Tag. Die katholische Kirche wird einer radikalen Kritik preisgegeben, sie wird oft genug dem Spott und der Lächerlichkeit ausgesetzt. Und die Gesellschaft stimmt dem weitgehend und mit Schadenfreude zu. Die Kirchenaustrittswelle wächst, besonders bei der jüngeren Generation, für die die Kirche kein Thema mehr ist; die Zahl der Gottesdienstbesucher geht zurück, der Priestermangel wird immer gravierender, der christliche Glaube verdunstet und scheint keine Kraft mehr zu haben, dem Leben eine Orientierung zu geben. Man sucht Hilfe bei den östlichen Religionen oder bei der wachsenden Zahl der werbetüchtigen Sekten.

Es gibt Leute, die sagen: Die Geschichte der Kirche nach dem Konzil ist eine Geschichte des zunehmenden Zerfalls. Es gibt auch Katholiken, die sagen: An dieser Entwicklung ist das Konzil selbst schuld. Dem fügt man hinzu: Vor dem Konzil war es in der katholischen Kirche viel besser; man wußte, wie man dran war; die Kirche war der Fels in der Brandung. Sie hatte den Mut zur Abgrenzung und zum Ausschluß. Es genügte, zu singen und zu sagen: „Ich will die Kirche hören", und diese Kirche war das Amt in der Kirche. Dem schließt sich heute die Folgerung an: Der Weg aus der Krise besteht darin, in die Zeit und in den Geist vor dem Konzil zurückzukehren und statt der Reform die Restauration anzustreben, den Weg in die sogenannte „gute alte Zeit".

Die gegenwärtige Lage der katholischen Kirche hat viele Gründe. Es ist der sogenannte Geist der Zeit, der praktische Atheismus und Säkularismus, der sich so verhält, als ob es Gott nicht gäbe. Es ist die Haltung, die Konsum, Prestige, Erfolg und Lustgewinn als erstrebenswerte Ziele ansieht, die jede Autorität und Ordnung von vorneherein als skeptisch ansieht, die sich weder engagieren noch binden will, die nur das für wirklich und herrlich hält, was zählbar, machbar und wahrnehmbar ist. Niemand, auch kein Christ, kann sich dem ganz entziehen.

Doch diesen Zeitgeist gab es schon vor und während des Konzils. Aber es ist zu einfach und zu billig, dem bösen Geist, der bösen Welt allein die Schuld an der Krise der Kirche zu geben. Das würde ja bedeuten, daß die Kirche selbst nichts als ein Produkt der jeweiligen Zeit und ihres Geistes ist.

Ich bin der Meinung, der Grund für die gegenwärtige Krise der Kirche liegt zum großen Teil auch an der Kirche selbst, zumal an der Kirchenleitung, die in Papst und Kurie gipfelt. Die Kirche nach dem Konzil hat zu wenig das wahr gemacht, eingeholt und verwirklicht, was sie im Konzil proklamiert hat. Dafür genügen folgende Hinweise.

Das Bild von der Kirche als Volk Gottes wird heute heftig kritisiert und ist abgelöst worden durch das Bild einer Kirche, die zentral gesteuert wird und die zentrale Entscheidungen für die ganze Welt durchzusetzen sucht. Rechte und Vollmachten des Papstes werden immer weiter ausgebaut. Die Laien werden zurückgedrängt, die Ökumene steht still und erschöpft sich in schönen Worten. Das Recht der Ortskirchen und das Prinzip der Kollegialität der Bischöfe mit dem Papst werden weithin unterlaufen – etwa im Fall der Bischofsernennungen in der ganzen Welt, die ausschließlich in Rom entschieden werden. Einheit der Kirche wird als Einheitlichkeit und Geschlossenheit gepriesen nach dem Motto: Fenster und Türen schließen. Als oberste Tugend werden nicht Glaube, Hoffnung und Liebe oder die Verantwortung gepriesen, sondern der strikte Gehorsam. Ich will nicht bestreiten, daß dahinter eine echte Sorge um die Kirche steht, aber ich bezweifle, ob diese Wege die wahre Lösung aus der Krise sind.

Was mich am meisten bekümmert und was auch die ständige Angriffsfläche bei der gegenwärtigen Kritik an der katholischen Kirche bietet, ist die Verschiebung im Gefüge des katholischen Glaubens und Lebens. Die Sexualmoral und die Frage der Geburtenregelung und ihrer Methoden bilden nicht das Wesen des Christentums und dürfen nicht zum Prüfstein des Katholischen gemacht werden. ·

Für die Entscheidung in dieser Frage hat das Konzil das überaus glückliche Wort von der verantwortlichen Elternschaft geprägt. Damit ist das Gewissen angesprochen. Das Gewissen kann gewiß mißbraucht, verbildet und unterdrückt werden; es wird oft genug als Wort für Beliebigkeit oder Willkür vorgeschoben. Das recht verstandene Gewissen bedeutet jedoch den Gehorsam gegen das in jedem Menschen liegende Echo der Stimme Gottes für das Gute und

Gerechte. Dieses so gebildete und ständig wache Gewissen ist die oberste Norm unseres Handelns. Das Wort des kirchlichen Lehramts hat eine wichtige Funktion für die Bildung und Information des Gewissens, kann aber das Gewissen nicht ersetzen.

Vertrauen, Zuversicht, Gemeinschaft, Engagement...

Wenn wir fragen: Wie soll es weitergehen? Gibt es einen Weg aus der gegenwärtigen Krise?, dann lautet meine persönliche Antwort: Der Weg aus der Krise heißt Erneuerung und Verlebendigung des Konzils und seines Geistes, der Hoffnung, der Freude und der Zuversicht, heißt Gemeinschaft und Solidarität aller Kirchen, heißt gemeinsames Suchen nach den Wegen in die Zukunft, heißt umfassendes Vertrauen, heißt Engagement für die großen Aufgaben von Gegenwart und Zukunft – für Gerechtigkeit, Frieden, Bewahrung der Schöpfung, Respekt vor jeder verantwortlichen Gewissensentscheidung. Der Weg aus der Krise heißt nie nachlassende Orientierung an Jesus Christus, dem Bild Gottes und der Menschen. Unsere Hauptfrage muß lauten: Was würde Jesus tun, wie würde er sich verhalten, wie würde er entscheiden?

Diese Orientierung gewährt Freiheit und überwindet Angst und Kleinmut, die uns mitunter befallen möchten. Das gibt auch den Mut, in der Kirche zu bleiben, die Spannungen auszuhalten, und bewahrt vor der billigen Lösung, die keine ist: Resignieren oder Weggehen.

Es gibt keine bessere Antwort für unser Leben und Sterben als den Glauben an Jesus Christus. Diesen Glauben verdanke ich nicht mir selbst, sondern der Gemeinschaft der Glaubenden, die mich trägt und die ich mittrage: die Kirche, das Volk Gottes auf dem Weg zum Reich Gottes, die Kirche, die in jeder Ortsgemeinde konkret wird. Sie wird so sein, wie wir selber sind.

Dienend besorgte Kirche

KARL RAHNER

Die Kirche [...] müßte eine Kirche sein, der es nicht um sich, sondern um die Menschen, um alle Menschen geht. Das ist auf dem Zweiten Vatikanischen Konzil und nachher oft genug gesagt worden. Aber diese Forderung bestimmt noch lange nicht wirklich die Haltung der kirchlichen Christen und der Kirche. Eine gesellschaftliche Gruppe, die bedrängt ist und sich dennoch nicht aufgeben will und kann, ist unvermeidlich in der großen Versuchung, vor allem an sich und ihre Weiterexistenz zu denken. So ist es auch bei uns. Wenn die Kirche sich um die Menschen kümmert, was sie Gott sei Dank natürlich auch und in einem Maße tut, mit dem man sich vor der nichtkirchlichen Öffentlichkeit gar nicht verstecken müßte, weil da auch nicht mehr getan wird, dann ist solche Sorge doch immer in einer seltsamen Weise gedacht und gelebt als Apologie der Kirche selbst, wird nur zu leicht Mittel zum Zweck. Aber die Kirche mit all ihren Institutionen ist ein Mittel für die Menschen, und diese sind ihr Zweck.

Gerade und vor allem die Amtsträger und die Kleriker überhaupt leiden unter einer ekklesiologischen Introvertiertheit. Sie denken an die Kirche und nicht an die Menschen, sie wollen die Kirche, nicht die Menschen frei sehen. So kam es z. B. dazu, daß sie in der Zeit des Nationalsozialismus doch erheblich mehr an sich selbst, an den Bestand der Kirche und ihrer Institutionen gedacht haben als an das Schicksal der Juden. Das mag verständlich sein, sehr christlich und sehr kirchlich war es nicht, wenn man das wahre Wesen der Kirche wirklich verstanden hat.

Diese Aufgabe der Kirche, für die Menschen und nicht für sich dazusein, bezieht sich nicht bloß auf die Christianisierung der Menschen, damit sie kirchliche Christen werden. Eine so verstandene Aufgabe wäre eigentlich nur dann legitim, wenn es sich dabei um die Gewinnung von Menschen handelt, die selbst den Auftrag der Kirche, für alle dazusein, mittragen wollen. Wenn die Kirche nämlich das Sakrament des Heiles für eine Welt ist, die faktisch zum größten Teil durch die Gnade Gottes außerhalb der Institutionalitäten der Kirche (so gottgewollt und legitim diese auch sind) gerettet werden, wenn die Kirche trotz ihrer Sendung zu allen nicht meinen darf, außer ihrer sichtbaren Gestalt gäbe es kein Heil und kein langsames Heilwerden der Welt, dann ist eben das Gewinnen von neuen kirchlichen Christen nicht so sehr und in erster Linie die Rettung der sonst Verlorenen, sondern die Gewinnung von Zeugen, die als Zeichen für alle die überall in der Welt wirksame Gnade Gottes deutlich machen.

Der Wille zur Kirchlichkeit der Menschen muß somit in der Kirche ein Wille sein, daß diese kirchlichen Christen allen dienen. Auch denen, die zwar bereit sind, ihre Dienste anzunehmen und sie dennoch verachten und bekämpfen. Auch den Armen, den Alten, den Kranken, den gesellschaftlich Deklassierten, den Menschen am Rande der Gesellschaft, allen denen, die keine Macht haben und der Kirche keinen eigenen Machtzuwachs bringen können. Die Kirche hat auch dann für Gerechtigkeit und Freiheit, für die Würde des Menschen einzutreten, wenn es ihr selbst eher schadet, wenn ein Bündnis mit den herrschenden Mächten, wenn auch nur verhohlener Art, ihr auf den ersten Blick eher nützen würde. Theoretisch leugnet das ja unter uns gewiß niemand. Aber da wir eine Kirche der Sünder sind, können wir gewiß nicht sagen, daß wir diese Bestimmung der Kirche in der Praxis nie verraten würden. Wir tun es im Leben der Kirche, und zwar ganz gewiß bis in ihre amtlichen Entscheidungen hinein und bis in die Konkretheit ihrer Institutiona-

lismen, die ja auch von der Sünde des Egoismus, des Macht-
strebens, eines kurzsichtigen Willens der Selbstbehauptung
mitgeprägt sind.

Wenn wir davon überzeugt sind, daß in einer sündigen
Welt viel Ungerechtigkeit und Tyrannei herrschen, wenn
wir davon wirklich überzeugt sind oder wären, daß die
Sünde auch die gesellschaftlichen Strukturen mitprägt und
nicht nur ein Vorkommnis in der privaten Sphäre der einzelnen und ihrer Taten ist, dann müßten wir uns eigentlich
wundern, wie wenig die Kirche in Konflikt gerät mit gesellschaftlichen Institutionen und Machtträgern, außer in den
Fällen, wo diese die Kirche unmittelbar und ausdrücklich
selbst angreifen. Das müßte doch uns selbst vor uns ver-
dächtig machen, das müßte manchen Konservativismus bei
uns suspekt erscheinen lassen.

Es sind nicht nur fromme Sprüche, die nur für Sonntags-
predigten geeignet sind, wenn gesagt wird, die Kirche müsse
über ein apologetisch verwendbares Alibi hinaus dienend
um andere besorgt sein, auf der Seite der Armen, der Unterdrückten, der im Leben zu kurz Gekommenen stehen. Aber
entspricht die Wirklichkeit diesem heiligen Prinzip, dem
Prinzip, daß die Kirche für alle und somit auch für die anderen dazusein habe, auch denen noch dienen müsse, die gar
keinen Wert auf sie legen, sondern sie als Überbleibsel aus
geschichtlich schon vergangenen Epochen betrachten? Ist
diese Art der „Torheit des Kreuzes" bei uns sehr geübt?
Wird genug Liebe, genug Mut zu harter Konfrontation,
Kraft, Zeit und Geld in der Kirche für diesen selbstlosen
Dienst an den anderen eingesetzt, ohne Kalkulation darüber,
ob es auch der Kirche selbst nütze? Daß es nicht nur solches
bei uns gibt, sondern auch Wunder der Liebe und des selbstlosen Dienstes, daß vielleicht die anderen im großen und
ganzen auch nicht besser sind, das ist noch kein Argument
dafür, daß die Kirche ganz die selbstlose Dienerin für das
Wohl und Heil der anderen ist, daß wir uns nicht immer
geängstigt fragen müssen, ob die Kirche nicht in ängstlicher

Introvertiertheit mehr an sich als an die anderen denke, daß wir nicht als einzelne Christen mutig Protest, unter Umständen sogar gegen die Amtsträger der Kirche, erheben müßten, wo die Kirche mehr an sich selber denkt und sich anders selbst zu retten sucht als durch die Rettung der anderen.

Das alles ist sehr abstrakt gesagt, alles müßte vom Wesen der Kirche her viel deutlicher und tiefer begründet werden, alles müßte durch konkrete Beispiele in seiner praktischen Bedeutung deutlicher gemacht werden. Aber das ist hier nun einmal nicht möglich. Die Kürze dieses Hinweises bedeutet in keiner Weise, daß er nicht von größter Bedeutung wäre.

Das freie Wort in der Kirche

„Der Hirt soll seine Schafe nicht wie Schafe behandeln"

HERBERT HAAG

Die Überschrift stammt nicht von mir. Ich habe sie bei Karl Rahner gestohlen, und er wird mir das in seiner Güte verzeihen. Vor mehr als vierzig Jahren hat er, damals Professor der Theologie in Innsbruck, eine kleine Schrift veröffentlicht, die diesen Titel trug: *„Das freie Wort in der Kirche."*[1] Und er begründete damals sein Anliegen mit den bewegenden Worten:

> *„Heute darf die Kirche weniger denn je nach innen oder nach außen auch nur den Eindruck erwecken, als sei sie einer jener totalen Staaten, bei denen die äußere Macht und ein in tödlichem Schweigen geschehender Gehorsam alles, und Freiheit und Liebe nichts ist, als seien ihre Regierungsmethoden dieselben wie die der totalitären Systeme, wo die öffentliche Meinung in einem Propagandaministerium gemacht wird."*[2]

Karl Rahner rechnete indes damit,

> *„daß eine auch berechtigte freimütige Meinungsäußerung über kirchliche Dinge auf Vertreter der kirchlichen Autorität den Eindruck versteckter Rebellion oder eines Ressentiments gegen die kirchliche Obrigkeit macht und bei anderen Menschen in der Kirche, die die alten Formen gewohnt sind, ... einen nicht erfreulichen Klang hat".*[3]

Wie treffend hat doch Rahner, zehn Jahre vor dem Konzil, die Atmosphäre der Unfreiheit in unserer Kirche analysiert! Er würde sich im Grab umdrehen, könnte er das heutige Kirchenklima sehen! Dreißig Jahre nach dem Konzil nehmen sich seine Äußerungen von damals wie ein prophetisches Vermächtnis aus. Das freie Wort in der Kirche ist heute dringender gefragt denn je. Freilich wird es, meint Rahner, von zwei Gruppen wenig geschätzt: von den Amtsträgern, aber auch den Menschen, die – wie Rahner sich vornehm ausdrückt – „die alten Formen gewohnt sind", jenen, um es etwas schärfer zu sagen, deren Gott die Tradition ist.

Rahner spricht das aus, was heute Millionen von Gläubigen auf den Nägeln brennt. Denn es kann doch vernünftigerweise keine Diskussion darüber geben, daß die Verantwortung für das Gedeihen der Kirche nicht dem Papst und den Bischöfen überlassen werden darf, daß vielmehr alle Glieder der Kirche dafür Verantwortung tragen.

Der unvergeßliche Hans Urs von Balthasar widmete 1971 in seinem Buch *„Klarstellungen"* ein eigenes Kapitel dem Thema „Mitverantwortung".[4] Er sagte dazu:

> *„Jeder Kenner der christlichen Gründungsurkunden weiß, daß in den Kirchen (die zusammen die eine Kirche Jesu Christi sind) alle zur aktiven Mitverantwortung aufgerufen und daß Dienstämter mit ihrer Autorität dazu eingesetzt sind, diese Mitverantwortung aller zu wecken und nicht etwa zu ersetzen. Die Ämter sind da – und nun folgt der bekannte Passus aus dem Epheserbrief –, um die Heiligen (gemeint sind alle Getauften) heranzubilden zur Ausführung ihres Dienstes, zum Aufbau des Leibes Christi. ... Wir sollen ... alles zu Dem hinwachsen lassen, der das Haupt ist: zu Christus. Von ihm wird der ganze Leib zusammengefügt und fest zusammengehalten durch jedes einzelne Gelenk ... So erfolgt das Wachstum des Leibes, bis er sich selbst auferbaut hat in Liebe (Eph 4,12–16)."*

Ausgehend von dieser Epheserstelle hebt von Balthasar etwas sehr Zentrales hervor: Die Kirche kennt nur *ein Haupt,* Christus. Über diesem Haupt kann es unmöglich ein noch höheres Haupt geben, ein Oberhaupt, wie eine heute in der katholischen Kirche beliebte Bezeichnung des Papstes es will. Jeder weiß, was ein Kopf ist. Aber was soll man sich unter einem „Oberkopf" vorstellen? *Unter* Christus, dem Haupt, gibt es in der Kirche Ämter. Diese aber sollen ihre Autorität zuallererst dafür einsetzen, daß die einzelnen Glieder ihre Mitverantwortung erkennen und betätigen.

Mit Bedacht spricht von Balthasar immer vom *Dienstamt.* Das ist durchaus biblisch. Denn so geläufig und selbstverständlich uns auch das Wort „Amt" sein mag, den Schriften des Neuen Testaments ist es völlig unbekannt. Die griechische Sprache kennt vier Ausdrücke für unser deutsches Wort „Amt". Keiner davon aber steht im Neuen Testament für das kirchliche Amt. Dafür gebraucht die Bibel nur die Bezeichnung *diakonia,* Dienst. Das kirchliche Amt ist also seinem Wesen nach *Dienst.*

Indes kann die Wahrnehmung dieses Dienstes auch Mängel aufweisen. Von Balthasar hält es für möglich, daß die Spitze gewisse Aspekte der christlichen Offenbarung einseitig auswählt und unzureichend darstellt. Dann obliegt es der Basis, gegen dieses Defizit, das sie bei der Spitze im Umgang mit der Wahrheit wahrnimmt, Einspruch zu erheben.

Gleichzeitig (1972) mit von Balthasars „Klarstellungen" erschien in der Herderbücherei Karl Rahners Entwurf „*Strukturwandel der Kirche als Aufgabe und Chance*".[5] Zu dem, was der Kirche nottut, rechnet Rahner eine „entklerikalisierte Kirche", der er ein eigenes Kapitel widmet.

Er schreibt:

> „*Die Kirche sollte entklerikalisierte Kirche sein. Dieser Satz ist natürlich mißverständlich und muß erklärt werden. Es ist selbstverständlich, daß es in der Kirche ein Amt mit bestimmten Aufgaben und Vollmachten gibt,*

*gleichgültig wie dieses Amt selbst noch einmal diffe-
renziert und geteilt werden mag ...“* Vielmehr ist eine
„entklerikalisierte Kirche“ für Rahner *„eine Kirche, in
der auch die Amtsträger in fröhlicher Demut damit rech-
nen, daß der Geist weht, wo er will, daß er keine exklu-
sive Erbpacht bei ihnen eingerichtet hat, daß das nie völlig reglementierbare Charismatische ebenso notwendig
zur Kirche gehört wie das Amt, das nie einfach mit dem
Geist identisch ist und ihn nie ersetzen kann ...“*

Zum Umgang der Amtsträger mit der Basis gibt Rahner in
diesem Zusammenhang zu bedenken:

> *„Die formale Autorität eines Amtes enthebt auch dann,
> wenn der Amtsträger an sich legitim von ihr Gebrauch
> macht, ihn nicht der Pflicht, von der Sache her und in
> wirklich heutigen Verstehenshorizonten um die echte
> Zustimmung derer effizient zu werben, die von einer
> solchen Entscheidung betroffen werden. Mir will schei-
> nen, daß besonders auch römische Erlasse dieses Prinzip
> nicht genügend verstehen und darum in solchen Erlas-
> sen die formale Autorität Roms übergebührlich strapa-
> ziert wird.“*[6]

Daß das Gesicht der Kirche künftig von der *Basis* bestimmt wird, darüber kann es für Rahner keinen Zweifel
geben:

> *„Die Kirche der Zukunft wird eine Kirche sein, die sich
> von unten her durch Basisgemeinden freier Initiative
> und Assoziation aufbaut. Wir sollten alles tun, um diese
> Entwicklung nicht zu unterbinden, sondern zu fördern
> und sie in die richtigen Bahnen zu leiten ... Die Pfar-
> reien“* – so Rahner – *„im Sinne von Verwaltungssspren-
> geln der Amtskirche, die von oben her Menschen be-
> treut, sind nicht die Basisgemeinden, die von unten her
> die Kirche in der Zukunft aufbauen müssen.“*[7]

Denn die Kirche der Zukunft muß nach Rahner eine *„de-
mokratische Kirche“* sein – so überschreibt er ein weiteres

Kapitel des genannten Buches „Strukturwandel der Kirche als Aufgabe und Chance". Wer will, mag sich darüber ärgern. Ich für mich kann die Kühnheit der Anstöße Rahners nicht genug bewundern. In der Atmosphäre der Angst, der Feigheit und der Servilität, in die Päpste und Bischöfe die Kirche inzwischen hineinmanövriert haben, könnte ein katholischer Verlag es heute kaum noch wagen, ein solches Buch zu veröffentlichen.

Die von Rahner geforderte Demokratisierung muß sich nach seiner Überzeugung zunächst erweisen in der *Wahl der Amtsträger.* Dabei klammert Rahner zwar die Frage der Papstwahl aus, stellt aber für alle übrigen Amtsträger, also vornehmlich die Bischöfe, fest, es gebe für ihre Wahl kein „göttliches", das heißt unveränderbares Recht, und er gibt zu bedenken:

> *„Man wird ... doch wohl kaum daran zweifeln können, daß die bisher nach menschlichem Kirchenrecht praktizierten Wahlweisen heute mindestens teilweise und in unserem mitteleuropäischen Lebensraum überholt sind. ... Es ist nicht einzusehen, warum bei der Wahl eines Bischofs nicht mindestens einmal die Priester der betreffenden Diözese in einer wirklich effizienten Weise mitwirken sollten".*

Wie erwähnt, äußert sich Rahner in respektvoller Zurückhaltung nicht zur Form der Papstwahl. Es ist jedoch unbestritten, daß die heute praktizierte Form nur *eine* Möglichkeit darstellt, neben der es andere Möglichkeiten geben könnte und im Verlauf der Geschichte auch gab, und selbst wenn die eine besser gewesen sein mag als die andere, so ist doch die Kirche an keiner zugrunde gegangen. Vom Neuen Testament her ist alles offen, vom Neuen Testament her steht auch einer Wahl des Papstes auf Zeit nichts im Wege. Vielleicht würde der eine oder andere Papst nach sieben oder zehn Jahren nicht wieder gewählt.

Wie von Balthasar bringt auch Rahner immer wieder die Begriffe *Mitwirkung und Mitverantwortung* ins Spiel:

> *„Solche deutlichere Mitwirkung der Laien ist heute nicht nur bei der Bestellung von Amtsträgern in der Kirche, sondern auch bei anderen Entscheidungsvorgängen im kirchlichen Leben angezeigt. ... Der Hirt soll Hirt bleiben, aber er soll deshalb noch lange nicht seine Schafe – wie Schafe behandeln".*

Und Rahner weist im gleichen Atemzug den Vorwurf zurück, eine solche Demokratisierung stehe im Widerspruch zum Wesen der Kirche.[8]

Alle diese Äußerungen sowohl von Balthasars als auch Rahners stammen aus der Zeit *vor* dem Amtsantritt Johannes Pauls II. und können somit nicht als Spitze gegen sein Gehaben verstanden werden, ja sie haben den jetzigen Papst nicht gehindert, von Balthasar noch kurz vor dessen Tod zum Kardinal zu erheben. Sie haben inzwischen nur eine noch brisantere Aktualität bekommen.

Das freie Wort in der Kirche setzt für Karl Rahner, wie nicht anders zu erwarten, eine frei sich bildende und artikulierende *öffentliche Meinung* voraus. In seiner schon erwähnten vorkonziliaren Schrift „Das freie Wort in der Kirche" (1953) geht er von der Grundüberlegung aus, daß das Recht des Laien auf Äußerung seiner Meinung in der Kirche mehr sei als nur ein *Recht,* daß es vielmehr eine förmliche *Pflicht* der Mitsorge mit dem Amt der Kirche darstelle. Rahner stellt dann ohne Umschweife die Frage, ob es so etwas wie eine *öffentliche Meinung* in der Kirche geben könne, und er bejaht die Frage. Dabei beruft er sich auf eine Äußerung, die der damalige Papst Pius XII. 1950 auf einem internationalen katholischen Pressekongreß getan hatte. Pius XII. führte dabei aus:

> *„Die öffentliche Meinung ist die Mitgift jeder normalen Gesellschaft, die sich aus Menschen zusammensetzt. ... Dort, wo überhaupt keine Äußerung der öffentlichen Meinung erscheint, vor allen Dingen dort, wo man fest-*

stellen muß, daß sie überhaupt nicht existiert, muß man darin einen Fehler, eine Schwäche, eine Krankheit des gesellschaftlichen Lebens sehen.“

Der Papst fragt sodann, wie weit dies auch auf die Kirche anwendbar sei, und er antwortet:

„Darüber werden sich nur die verwundern, die die katholische Kirche nicht oder nur schlecht kennen. Denn auch sie ist eine lebendige Körperschaft, und es würde etwas in ihrem Leben fehlen, wenn in ihr die öffentliche Meinung mangelte – ein Fehlen, für das die Schuld auf die Hirten sowohl wie die Gläubigen zurückfiele …“[9]

Konkret bedeutet das für Rahner, daß es bei den Gläubigen Wünsche, Gefühle, Empfindungen, Belastungen gibt, „die zwar anders sein *könnten,* aber nun einmal eben so sind“ und die die Leitung der Kirche deshalb kennen und berücksichtigen muß. Die öffentliche Meinung ist nach Rahner eine Art Barometer, das die Wetterlage anzeigt, und die Amtsträger können nur dann situationsgerecht leiten und führen, wenn sie wissen,

„wie die Menschen denken und empfinden, was sie lieben und wünschen, woran sie sich stoßen, was ihnen schwer und hart vorkommt, worin sich ihr Empfinden geändert hat, was sie an Problemen beunruhigt, wo sie eine traditionelle Antwort und Regelung für unzureichend empfinden. … Man muß die Leute auch in der Kirche … ‚sich einmal ausreden‘ lassen – … Wer heute ohne dieses Mittel zu wissen glaubt, ‚was los ist‘, wird sich sehr oft aufs schlimmste täuschen.“[10]

Deshalb haben nach Rahner die Gläubigen „unter Umständen eine wirkliche *Pflicht“,* sich kritisch zu Wort zu melden, „auch wenn es ‚an höherem Ort‘ nicht immer sogleich Lob und Anerkennung einbringt“, und er erinnert an die vielen Beispiele, die es dafür in der Geschichte der Heiligen gibt.[11]

Dem Einwand, es gebe ja heute durchaus für die Gläubigen Möglichkeiten, ihre Meinung frei zu äußern und auf die Amtsträger Einfluß zu nehmen, hält Rahner entgegen, diese Möglichkeiten seien nicht *rechtlich* abgesichert. Es gebe heute in der Kirche *kein Laienrecht.*

> *„Nicht als ob es heute keine öffentliche Meinung in der Kirche gäbe." „Das zu behaupten wäre sicher falsch. Wohl aber kann man feststellen, daß es heute kaum rechtlich gesicherte Weisen des Funktionierens einer solchen öffentlichen Meinung in der Kirche gibt."*[12]

Mit anderen Worten: Es ist dem freien Belieben der Amtsträger anheimgegeben, wie weit sie der öffentlichen Meinung Rechnung tragen wollen oder nicht.

Wir haben es bei Hans Urs von Balthasar und Karl Rahner gewiß mit zwei unverdächtigen Zeugen zu tun, deren Kirchlichkeit über alle Zweifel erhaben ist. Bald wird der eine, bald der andere als der bedeutendste Theologe dieses Jahrhunderts bezeichnet. Aber wir können ruhig noch höher greifen und Päpste und Bischöfe unserer Zeit beim Wort nehmen. In der Pastoralinstruktion *„Communio et Progressio"* erklärte Papst Paul VI. 1971:

> *„Als lebendiger Organismus bedarf die Kirche der öffentlichen Meinung, die aus dem Gespräch ihrer Glieder erwächst. Nur dann ist in ihrem Denken und Handeln Fortschritt möglich. ... Darum müssen Katholiken sich dessen völlig bewußt sein, daß sie wirklich die Freiheit der Meinungsäußerung besitzen. ... Die verantwortlichen kirchlichen Obrigkeiten werden dafür sorgen, daß sich innerhalb der Kirche auf der Basis der Meinungs- und Redefreiheit der Austausch legitimer Ansichten lebendig entfaltet."*[13]

Um die Reihe voll zu machen und abzuschließen, darf ich noch den ehemals für mich zuständigen Bischof von Basel, Otto Wüst, anführen. Er gab vor Jahren zu bedenken:

„Kritik gehört zum Dasein der Kirche. Sie hat eine wichtige Aufgabe im Selbstreinigungsprozeß der Kirche, die ja unablässig den Weg der inneren Erneuerung gehen muß. Kritik hat es darum in der Kirche schon immer gegeben. Schon die Apostelgeschichte berichtet davon: Paulus kritisiert das Verhalten des Petrus ... Jesus selbst war ein großer Kritiker. Denn was kann Kritik in der Kirche anderes sein als Aufforderung zur Buße, zum Umdenken, zur Erneuerung und Veränderung?"[14]

Freilich tun sich Päpste und Bischöfe, die sich grundsätzlich positiv zur Kritik äußern, in der Praxis nicht selten schwer damit. Der gegenwärtige Papst erledigt mißliebige Themen wie das des Priesterzölibats oder der Ordination der Frauen einfach damit, daß er sich jede Diskussion darüber verbietet. Zu Pius XII. sagte einmal ein sehr hoher deutscher Prälat, wie ich aus direkter Quelle weiß: „Heiliger Vater, wenn ich Ihnen einen Rat geben darf ..." Der Papst fiel ihm ins Wort: „Wie, Sie wollen mir einen Rat geben?", stand auf und verließ den Raum. Und sein Privatsekretär, der Jesuit Leiber, erzählte uns einmal, es sei oft hoffnungslos, ja gefährlich, dem Papst zu widersprechen. In solchen Fällen lege er dann einfach gewisse Akten auf seinen Schreibtisch und bemerke dazu: „Heiliger Vater, vielleicht könnte das Sie auch noch interessieren."

Warum Frauen nicht mehr dazugehören wollen

Christliche Kirche und Religion – kein Lebensraum für Frauen!?

KARL HEINZ SCHMITT

„In Theologie und Kirche dominiert eine von Männern geschriebene und ausgelegte Bibel, ein männlicher Gott, ein männlicher Jesus, eine männliche Denkweise, und es fällt vielen Frauen zunehmend schwerer, sich damit abzufinden und sich damit zu identifizieren."

Diese Aussage der evangelischen Theologin Elisabeth Moltmann-Wendel umschreibt das Unbehagen, die Unzufriedenheit, das Fremdsein zahlreicher Frauen in und mit der Kirche. Denn deutlich wird in dieser kurzen Kritik, daß Frauen in der Kirche nicht als eigenständige Subjekte präsent sind, daß sie ihre religiöse Identität aus „zweiter Hand" gewinnen von einer Theologie und deren kirchlich-pastoraler Ausformung sowie deren sprachlicher und symbolischer Ausformulierung, die einseitig von (zölibatären) Männern vorgenommen wurde und wird.

Diese Situation, daß Frauen in Kirche und Religion keine „eigenen Menschen" sind und daß sie aus diesem Status des „Gottes-Zweite-Garnitur-Seins" Konsequenzen ziehen, wird zunehmend zum Problem für die Kirche, für deren Amtsträger, aber auch für kirchliche Sozialisationsformen; denn der schweigende Auszug der Frauen aus der Kirche läßt auch das treueste Potential der Kirchenmitglieder, die Frauen eben, zusammenschrumpfen.

Statt vieler Belege möchte ich nur auf einen Aspekt aus einer Allensbach-Studie hinweisen. Auf die Frage: „Glauben Sie, daß die katholische Kirche die Frauen heute versteht?" antworteten nur noch 20 %, daß die Kirche Lebensprozesse von Frauen, ihr Fühlen und Denken begreift.

Dieser Trend, daß Frauen der Kirche den Rücken kehren, macht deutlich, daß Kirche bzw. Gemeinde für zahlreiche Frauen kein Ort mehr ist, an dem es um Fragen und Probleme geht, die sie als Frauen unmittelbar und existentiell angehen, daß im Kontext von christlicher Kirche und Religion Frauen keine mündige, gläubige Identität gewinnen können. Das Gegenteil ist der Fall: Kirche, christliche Tradition und Gemeinde werden für Frauen in zunehmendem Maße zu patriarchal dominierten, frauen- und sexualfeindlichen Institutionen, die ein Subjektwerden von Frauen aufgrund deren moralischer, dogmatischer und machtförmiger Normen nicht zulassen – Frauen ziehen die Konsequenzen und verlassen diese frauenfeindlichen Lebensräume.

Frauen sind auf der Suche nach einer neuen Form von Kirche, in der Trost und Herausforderung als stimulierende Grundprinzipien für religiöse Identität vermittelt werden. Sie suchen nach einer Kirche als Gemeinschaft von Schwestern, die auch die Brüder selbstverständlich nicht ausschließt, in der von Gott mit allen Namen gesprochen werden darf, in der nicht strenge Formen von Exkommunikation und konfessioneller Blockbildung echte Gemeinschaft *aller* christlichen Menschen unmöglich machen.

Im folgenden möchte ich diese skizzierte Unzufriedenheit an und mit der Kirche ein wenig näher aufschlüsseln und unterschiedliche Typen von „distanzierter" Kirchlichkeit bei Frauen aufzeigen. Ich möchte hier nicht eingehen auf die Frauen, für die die konkrete Kirche, der christliche Glaube nach wie vor Werte sind, die sie ehrfürchtig und problemlos als Manifestationen göttlicher Ordnung und göttlichen Willens akzeptieren, die mit ihrer Rolle und Aufgabe in der Kirche zufrieden sind, die jede Kritik als Angriff gegen göttliche bzw. kirchliche Ordnung abwehren, insbesondere dann, wenn Frauen sie vorbringen. Die Zahl dieser Frauen verringert sich ständig, sie bewegen nichts mehr in der Kirche, sie haben ihren Platz in der Kirche offensichtlich gefunden.

Typen „distanzierter" Kirchlichkeit bei Frauen

(1) Als erste Gruppe sind die Frauen zu nennen, deren Religiosität ich als inhaltsleer und „verschwommen" bezeichnen möchte. Religiöse Inhalte, Probleme und Kompetenzen können nicht benannt werden – außer in den angelernten Formen von Katechismus- und Bibelwissen, wie es im Religionsunterricht der Grundschule vermittelt wurde. Für eine eigenständige Auseinandersetzung mit kirchlichen und religiösen Themen und eine qualitative, altersspezifische Vertiefung fehlen Interesse und Motivation. Freilich sind diesen Frauen auch keine Kompetenzen vermittelt worden, dieses zu leisten.

Religiosität bzw. christlich-moralische Erziehung kommen dann zum Ausdruck, wenn konkrete Probleme des Zusammenlebens im privaten oder öffentlichen Bereich zur Diskussion stehen: Wie verhalte ich mich in bestimmten Situationen? Wenn ein moralisches Urteil gefällt werden muß, wird auf sozialisierte Standards verwiesen: Das tut man aber nicht. Jedoch sind lediglich „Restbestände" einer christlich-sittlichen Sozialisation aufweisbar, die auf Wohlverhalten programmiert ist, und keine persönliche Auseinandersetzung bzw. eigenständige Urteilsbildung im Bereich der moralischen Erziehung.

Diese diffuse christliche „background"-Religiosität wird relevant angesichts von Kontingenzerfahrungen (Krankheit, Tod, Versagen), wo Religion bzw. Gott die Lückenbüßerfunktion einnehmen: Vielleicht ist ja doch was „dran", da angesichts einer Grenzsituation alternative Sinnaspekte nicht zur Verfügung stehen.

Desgleichen ist Religion dann gefragt, wenn es um die Verschönerung bzw. „Überhöhung" von Lebenssituationen geht. Denn kirchliche Fest- und Sakramentsrituale emotionalisieren und sakralisieren Lebenssituationen und Feiertage, ohne daß deren theologische Grundsubstanz benannt werden kann. Hier hat Religion die Funktion, den Blütenkranz zu legitimieren, für den es sonst keine Begründung mehr gibt. Kirchlichkeit bzw. Religiosität haben keine sinnkonstituierende, das Leben qualifizierende Kraft, sie programmieren Verhalten und sind „sensuelle" Aufheller für das Leben.

(2) Für eine zweite, zunehmend anwachsende Gruppe von Frauen werden Kirchlichkeit und Religiosität immer weniger relevant. Religion hat keine Bedeutung mehr für die Bewältigung von Lebensproblemen bzw. für die Sinngebung von Dasein überhaupt. In vielen Fällen haben diese Frauen eine intensive, repressive religiöse Sozialisation hinter sich, durch die sie sich unterdrückt und minderwertig fühlen. Diese internalisierten Minderwertigkeitsgefühle werden wahrgenommen und „aufgearbeitet"; es wird die Erfahrung gemacht, daß seitens der traditionell vermittelten kirchlichen Normen und Sinndeutungen keine emanzipatorischen, spirituell-politischen Kompetenzen vermittelt werden können.

Das Sinnangebot, so, wie diese Frauen es erfahren haben, wird als frauenfeindlich und damit als nichtakzeptabel abgelehnt. Denn Kirche und Religion fungieren als androzentrische Größen, in der Frauen immer die „anderen" aufgrund ihres Frauseins bleiben müssen.

(3) Eine dritte Gruppe, die zahlenmäßig stärkste und für unser Thema die wichtigste, umfaßt Frauen, die sich noch als Mitglieder der Kirche ansehen, die sich dort aber immer

weniger beheimatet fühlen, die zunehmend mit den ihnen vermittelten Formen von Kirchlichkeit und Religiosität unzufrieden werden.

Diese Frauen machen die Erfahrung, daß das von den (zölibatären) Kirchenmännern produzierte Glaubens- und Moralangebot nicht mehr ihre Lebenswirklichkeit trifft. Sie spüren zunehmend die Diskrepanz zwischen ihren Wünschen und Hoffnungen in bezug auf religiöse Themen und kirchliche Vorschriften; denn die Leitbilder und Lebenskonzepte, die ihnen verordnet werden, haben für sie keine inspirierende, befreiende Kraft mehr.

Diese Frauen sind auf der Suche nach „alternativen" Modellen befreiender, im Erfahrungskontext von Frauen wurzelnder Spiritualität und Christlichkeit, und sie wollen diese innerhalb der Kirche erleben und gestalten können. Sie wollen – frei von amtlicher „Bevormundung" – „Spielräume", aber keine Ghettos, in denen sie sich z.B. mit Themen feministischer Theologie, mit von Frauen gestalteter Liturgie, mit neuen Formen des Umgangs mit der Bibel bekanntmachen können. Sie wollen sich als Gemeinschaft von Schwestern erfahren und nicht in erster Linie als Konkurrentinnen in bezug auf Männer, wie die traditionellen Sozialisationsmuster es den Frauen vermitteln. Diese Frauen wollen ganz bewußt in der Kirche ihr Frau-Sein als dem Mann-Sein gleichwertige Form des Mensch-Seins leben und zum Ausdruck bringen. Sie wollen das Sinnpotential, das Menschenbild, das christliche Religion fundiert, von sexistischen Verengungen und Diskriminierungen befreien und diese Vision einer menschenfreundlichen, geschwisterlichen Kirche – jenseits der konfessionellen Grenzen – Wirklichkeit werden lassen.

(4) Eine vierte Gruppe, die mit der dritten Gemeinsamkeiten aufweist, bilden die Frauen, bei denen das „Unbehagen" an der Kirche wächst, die aber (noch) nicht imstande sind, diese Gefühle, die sie selbst als unchristlich, z.T. sogar als

sündhaft bezeichnen, zuzulassen. Ihre Unzufriedenheit kann von den Frauen auch schlecht „auf den Begriff" gebracht werden; denn das Benennen wäre ein erster Schritt dahin, das Problem zu erkennen, d. h. es aus dem Bereich des Emotional-Nonverbalen in den des Kognitiv-Verbalen zu übersetzen. Diesen Schritt zu vollziehen bedarf es der Geduld und vor allen Dingen verständiger, sensibler Menschen; denn die Angst vor Sanktionen göttlicher oder menschlicher Art, wenn der Bereich der kirchlich-religiösen Wirklichkeit in Frage gestellt wird, sitzt tief.

Mangelndes Selbstbewußtsein, das in kirchlich-gesellschaftlicher Sozialisation wurzelt und sich ausdrückt im „Ich bin ja nur eine Frau", ist ein weiterer Hemmfaktor, daß Frauen ihre Unzufriedenheit und Kritik an Kirche und Religion nicht zu artikulieren vermögen. Sie trauen sich keine, den Männern aber alle Kompetenz zu – und das nicht nur in religiösen Fragen.

Gemeinsam mit anderen Frauen, deren Probleme in bezug auf Religion und Kirche gleich strukturiert sind (waren), sind diese Frauen zunehmend imstande, ihre Fragen und Kritik zuzulassen und zu benennen und sich mit ihrer kirchlichen Bindung positiv oder ablehnend auseinanderzusetzen.

All diese Frauen sind (bis auf die zweite Gruppe) noch irgendwie in kirchlich-religiöse Zusammenhänge eingebunden. Doch wachsen Kritik und Resignation aufgrund der Tatsache, daß sich kirchlich vermittelter Glaube und die Organisation der Kirche selbst noch mit der Lebenswirklichkeit, den Lebensentwürfen, Erwartungen und Wünschen von Frauen verbinden lassen. Zu eindeutig sind die römischen Aktionen, als daß Frauen noch die Hoffnung haben könnten, sie seien als eigenständige, selbstbestimmte, mündige Gläubige für die Kirchenmänner gleichwertige Partnerinnen.

Simon Petrus und das Petrusamt

HEINRICH FRIES

Wenn man früher einen Katholiken gefragt hätte, ob er eine Stelle aus der Bibel auswendig wüßte, hätte er wahrscheinlich den Satz zitiert: „Ich sage dir, du bist Petrus, und auf diesen Felsen werde ich meine Kirche bauen, und die Pforten der Unterwelt werden sie nicht überwältigen" (Mt 16,18).

Das ist deshalb so, weil es eine Besonderheit der katholischen Kirche ist, daß an ihrer Spitze der Papst steht, der sich als Nachfolger des Petrus bezeichnet.

Andererseits ist vielleicht keine Stelle der Bibel in der Auslegung so umstritten wie der erwähnte Satz. Und dies aus dem Grund, weil die anderen Kirchen nicht nur keinen Papst haben, sondern ihn zum Teil ausdrücklich ablehnen. Luther hat den Papst als Antichrist bezeichnet.

So hat man gesagt, die erwähnte Stelle: „Du bist Petrus" sei nicht von Jesus selbst gesprochen, sie sei ein späterer Einschub, oder Jesus habe bei den Worten: „Auf diesen Felsen will ich meine Kirche bauen" nicht auf Petrus verwiesen, sondern auf sich selbst, der in Wahrheit der Fels sei, oder auf den Glauben des Petrus, nicht auf seine Person (Augustinus).

Ich will versuchen, aus diesen Gegensätzen heraus zu einer glaubwürdigen Antwort zu kommen.

Fest steht folgendes: Petrus ist zweifellos der Erste unter den von Jesus berufenen Zwölfen, die später Apostel genannt werden. Er bekommt einen neuen Namen: Aus Simon wird Petrus, d. h. der Felsenmann. Die neue Bezeichnung will nicht darauf hinweisen, daß er ein felsenstarker Charakter war; im Gegenteil, er hatte ein sehr labiles Temperament. Er hat Jesus öffentlich verleugnet mit den schlimmen Worten: „Ich kenne den Menschen nicht" (Mt 26,72). Der Name Petrus gilt nicht der Person des Petrus selbst, sondern dem Auftrag, den er von Jesus hatte, Grund und Zusammenhalt der Gemeinde Jesu zu sein – trotz seiner Schwächen.

Petrus begegnet im Neuen Testament als der Sprecher der Zwölf – in ihrem Namen und für sie bekennt er: „Du bist der Messias, der Sohn des lebendigen Gottes" (Mt 16,16).

Petrus war der erste und maßgebliche Zeuge des Auferstandenen, er war der unerschrockene Verkünder an Pfingsten, er war der erste Leiter der Urgemeinde von Jerusalem, er hat beim sogenannten Apostelkonzil die Entscheidung herbeigeführt, die Kirche für die Nichtjuden in voller Freiheit und ohne Lasten zu öffnen.

Er wurde gefangengenommen, aus der Gefangenschaft wunderbar befreit. Er verließ Jerusalem und ging nach Rom, der Hauptstadt des Reiches, wo er gekreuzigt wurde. Über seinem Grab erhebt sich heute die Peterskirche.

So weit, so gut, so weit, so einleuchtend.

Aber nun kommt der nicht leichte Einwand: Mag alles Gesagte für den Petrus der Bibel zutreffen, von einer Nachfolge des Petrus ist weit und breit keine Rede. Mit welchem Recht kann sich der Papst darauf berufen, Nachfolger des Petrus zu sein?

Hier ist folgendes zu bedenken. Die Kirche Jesu Christi und das Bauen der Kirche hören mit dem Tod des Petrus nicht auf, sondern gehen weiter und bestehen mit wechselndem Schicksal bis heute. Aus der Gemeinschaft der Zwölf ist eine Weltkirche geworden.

Wenn aber die Kirche weitergeht und wenn sie dauern soll bis zum Ende der Welt, dann müssen auch die Dienste und Funktionen weitergehen, die bei der Stiftung der Kirche maßgeblich waren und die von den Aposteln erstmals wahrgenommen wurden, die dem Leben und Aufbau der Kirche dienen.

So gilt: Der Apostel als einzelne geschichtliche Person, als unmittelbarer Augen- und Ohrenzeuge, Jesu kann gar keinen Nachfolger haben, wohl aber muß um der Kirche willen der apostolische Dienst weitergehen, der Dienst der Verkündigung des Evangeliums, der Dienst an den Sakramenten, der Dienst in der Wahrnehmung einer umfassenden Liebestätigkeit, der Dienst der Gemeindeleitung.

In ähnlicher Weise müssen auch Dienst und Funktion des Petrus in der Kirche weitergehen und wahrgenommen werden. Dies bedeutet: Weitergehen muß die dem Petrus zugewiesene Funktion, Fels und Fundament zu sein, das heißt Grund und Zusammenhalt der Kirche, die ständig im Bau ist.

Ein weiterer von Jesus an Petrus gegebener Auftrag lautet: Stärke deine Brüder, wenn der Glaube zu wanken droht (vgl. Lk 22,32). Das ist nur möglich, wenn der Papst selbst in überzeugender und glaubwürdiger Weise ein Glaubender ist, der den Glauben nicht nur verkündet, sondern aus ihm lebt.

Schließlich bekommt Petrus vom Auferstandenen den Auftrag des Hirten der Herde, d. h. der Gemeinde Jesu (vgl. Joh 21,15–9). Hirte sein heißt nicht: herrschen und unterdrücken, sondern vorangehen, heißt nicht: nur verbieten, sondern führen, heißt dienen wollen, heißt sich bemühen um Wohl und Heil der Menschen, heißt sich einsetzen für die Seinen.

Dies alles wird noch unterstrichen durch das Wort Jesu: „Wer unter euch der Erste sein will, der sei der Diener aller" (Mt 20,27). Der Papst nennt sich selbst „Knecht der Knechte Gottes". Das darf weder eine schöne Redeweise sein noch eine verkappte Bezeichnung für Macht und Herrlichkeit.

Daraus folgt: Die Kirche ist nicht mit einer Pyramide zu vergleichen, an deren Spitze der Papst steht, der alles unter sich läßt. Wir sind keine Papstkirche, sondern Kirche Jesu

Christi, zu der der Papst gehört, der darin den Dienst und das Amt des Petrus wahrnimmt.

Die Zeiten, da der Papst wie im Mittelalter weltliche Macht und Herrschaft besaß, waren nicht Höhepunkte, sondern Tiefpunkte der Papst- und Kirchengeschichte.

Zum Schluß sei noch die Frage angeschnitten: Darf man den Papst, den Petrusnachfolger, kritisieren? Antwort: Warum nicht? Jesus hat Petrus unmittelbar nach seiner Seligsprechung einen Satan genannt, weil er ihn vom Weg des Kreuzes abbringen wollte (Mt 16,23). Paulus hat Petrus im Angesicht widerstanden, weil er falsch gehandelt hatte (Gal 2,11); er hatte aus Angst und Feigheit die Tischgemeinschaft mit den Christen, die nicht aus dem Judentum kamen, abgelehnt. Warum kann Ähnliche heute nicht mehr möglich und erlaubt sein? Im Mittelalter haben Heilige wie Bernhard von Clairvaux und Katharina von Siena den Papst wegen seines Strebens nach Macht und Herrlichkeit heftig kritisiert. Diese Kritik kam aus dem Glauben und aus der Liebe zur Kirche; sie war ein Dienst an ihr. Eine solche Kritik unterscheidet sich wesentlich von einer heute oft geübten böswilligen und gehässigen Kritik, die nicht aufbauen und bessern, sondern beleidigen und vernichten will.

Welches ist der Maßstab einer glaubenden und liebenden Kritik an Papst und Papsttum? Maßstab kann nur der Auftrag sein, den Jesus Petrus gab: Der Petrusnachfolger als Fels soll Grund und Grundlage der Einheit der Kirche sein. Das bedeutet heute: Er soll engagierter Anwalt und Förderer für die Einheit aller Kirchen sein; es bedeutet, er soll die Hindernisse beseitigen helfen, die der Einheit noch im Wege stehen. Dazu gehören auch manche Ausprägungen und Übersteigerungen des Papsttums im Lauf der Geschichte und in der Gegenwart. Ein am Auftrag Jesu sich ständig erneuerndes Papsttum als Petrusdienst kann dafür eine entscheidende Hilfe sein und kann von den anderen Kirchen anerkannt werden.

Der Petrusnachfolger soll die Brüder im Glauben stärken. Das bedeutet heute: Er soll den Glauben nicht als Drohung, sondern als froh und frei machende Botschaft verkünden, er soll keine unnötigen Lasten auflegen, er soll zeigen, wie der Glaube eine überzeugende Antwort darstellt auf die tiefsten Fragen der Menschen und wie er das Fundament für Gerechtigkeit und Frieden, für Freiheit und Menschenwürde bildet.

Der Petrusnachfolger soll Hirte sein. Das bedeutet heute: Er soll die darin gemeinte Leitungsfunktion nicht nur in Erlassen, in Geboten und Verboten verwirklichen, sondern im Blick auf den konkreten Menschen von heute, zumal den armen, kranken, unterdrückten und verfolgten. Er soll eine universale Geschwisterlichkeit lebendig vermitteln. Er soll vor allem nicht bremsen, sondern vorangehen. Er soll nicht Angst, sondern Hoffnung verbreiten, er soll nicht jammern und anklagen, sondern helfen.

Was vom Papst erwartet wird und gefordert ist, übersteigt die Kraft eines einzelnen Menschen. Er ist deshalb von menschlichen Fehlern, Schwächen und Versagen nicht verschont. Damit ist er auch der Kritik ausgeliefert. Aber wichtiger als die Kritik ist die uns alle angehende Verpflichtung, für den Papst um den Geist und die Gesinnung Jesu zu bitten – uns zum Heil und zum Segen für die Kirche.

Die Händler müssen weg!

Tiemo Rainer Peters

Im Tempel fand Jesus die Verkäufer
von Rindern, Schafen und Tauben
und die Geldwechsler, die dort saßen.
Er machte eine Geißel aus Stricken
und trieb sie alle aus dem Tempel hinaus.
Joh 2,14–15

Diese Tempelgeschichte macht uns zu Augenzeugen einer Aktion, die uns eine Art Befriedigung verschafft. Wir sagen: „Endlich spricht Jesus eine deutliche Sprache. Endlich greift er ein, schlägt er um sich, begnügt er sich nicht mit Pharisäer-Schelte und Wehe-Rufen. Hier wird gleichsam nachgeliefert, was im Evangelium zu kurz kommt: die Wut des Messias in leibhaftiger Explosivität." Die Christen aber, die froh sind, auch einmal diesen Jesus zu sehen, verkennen möglicherweise, daß gerade dieser sein Zorn Jesus ans Kreuz führen wird. Zudem könnten jene Christen, die voll Freude über die Wut Jesu sind, selbst die Angegriffenen und Davongejagten sein, ohne es im voraus ahnen zu können. Sehen wir zu.

Zunächst: Gehandelt wurde im Tempelbezirk natürlich nicht mit beliebigen Waren. Das hätte auch die offizielle Tempelbehörde als eine ungehörige Profanierung empfunden und geahndet. Gehandelt wurde vielmehr mit Dingen, die im Kult Verwendung fanden, also mit Opfertieren, Öl, Wein, Mehl. Daß es im Tempelbezirk um nichts anderes als einen religiösen Markt ging, muß Jesus bewußt gewesen sein. Ebenso hätte seine gewaltsame Aktion keinen Sinn gehabt, hätte er nur die Händler vertrieben. Er muß sich auch an den kultischen Dingen gewaltig gestoßen haben. Das Opfer selbst, die vermarktete Form der Gottesverehrung, die rituelle Pflichterfüllung müssen ihm ein Dorn im Auge gewesen sein. Sagen wir es generell: Es war die distanzierte, materialistische Frömmigkeit der damaligen Zeit, die sich im Opfer als eine Ersatzleistung ausdrückte, gegen die er zur Tat schritt. Wohl müssen Opfer gebracht werden, gerade heute wieder, wenn die Menschheit brüderlich überleben will. Aber es müssen Opfer sein, die über die persönlichen Vorstellungen und über den „Horizont" der Zeitgenossen hinausgehen. Bereits hier deutet sich die ganz andere Richtung an, die Jesus entschieden verfolgte. Das quasi-technische Ersatzopfer war ihm zuwider. Wofür er kämpfte, war die uneigennützige, couragierte Liebe: „Barmherzigkeit will ich, nicht Opfer" (Mt 9,13).

Als Jesus die Händler und Käufer vertrieb und die geschäftige Normalität an heiliger Stätte durcheinanderbrachte, mußte er den Tempel wie einen fremden, widergöttlichen Ort wahrgenommen haben, und das in einem Ausmaß, daß ihm, als seine Gegner ihn nach seiner Legitimation fragten, ein ganz unglaubliches Kontrastbild in den Sinn kam, ein Kontrastbild voller Todesahnung und Auferstehungshoffnung:

> „Da stellten ihn die Juden zur Rede: Welches Zeichen läßt du uns sehen als Beweis, daß du dies tun darfst? Jesus antwortete ihnen: Reißt diesen Tempel nieder, in drei Tagen werde ich ihn wieder aufrichten. Da sagten die Juden: Sechsundvierzig Jahre wurde an diesem Tempel gebaut, und du willst ihn in drei Tagen wieder aufrichten? Er aber meinte den Tempel seines Leibes. Als er von den Toten auferstanden war, erinnerten sich seine Jünger, daß er dies gesagt hatte, und sie glaubten der Schrift und dem Wort, das Jesus gesprochen hatte" (Joh 2,18–22).

Daß der Tempel, die Kirche, zu einer heiligen Börse mißraten könnte und die Frömmigkeit zu einer entfremdenden Tauschbeziehung – do ut des (gibst du mir, geb ich dir) –, war schon von Martin Luther vermutet und angeprangert worden. Der aufblühende Geldhandel in der Kirche, mit Tetzel als einem hochsensiblen Missionar, drohte Glaube und Kirche insgeheim zu unterlaufen.

Inzwischen scheint diese Gefahr gebannt. Luthers Lektion ist verstanden. Tetzel wurde historisch beinahe der Lächerlichkeit preisgegeben. Aber hat man auch zurückgefunden zu Jesus, der die Händler und Kaufleute vertrieben hatte, weil er auf einer Religion der Unmittelbarkeit bestand? Hat man zurückgefunden zu Jesus, der unnachgiebig für die Einheit von Gottes- und Nächstenliebe kämpfte, für die Identifizierung des Lammes mit seinem eigenen Leib? Hat man zurückgefunden zu Jesus, der entschieden dafür eintrat, das eucharistische Opfer nicht mehr der Entfremdung oder einem Ersatz preiszugeben? Was er wollte, war nur dies: Verwandlung der Tempel-Steine in Leben, so sehr, daß alle Christen einbezogen wären in diesen Prozeß, den Paulus mit den Worten beschreibt: „Wißt ihr nicht, daß ihr Gottes Tempel seid und der Geist Gottes in euch wohnt?" (1 Kor 3,16).

Was Jesus wollte, war das Hineingehen in die Kirche, ohne das draußen zu lassen, was der Tag und die Woche an Arbeit, Konflikten, Ängsten und Wut brachten. Er wollte das Hineingehen in den geheiligten Raum, um dort desto intensiver bei den Problemen zu verweilen, die heute anstehen. Er wollte, daß wir hineingehen und zugleich bei den Menschen und Völkern bleiben, in deren Nähe wir gerufen sind, nicht nur caritativ und distanziert, sondern leibhaftig; im Zweifelsfall die Gabe vor dem Altar stehenlassen und hinausgehen, um sich mit den Brüdern zu versöhnen (vgl. Mt 5,23 f).

Ob wir Christen statt dessen fortfahren, vielleicht ohne es zu merken, „Händler" in Sachen Religion zu sein, hinter

„Rechnungen" sitzend und mit Dingen spekulierend, für die wir nach wie vor etwas bekommen wollen? Zwar sind wir aufgeklärt über den Ablaß. Und wir wissen auch, daß Gebete, fromme Wünsche und bloße Gesinnungen allein nicht helfen, daß eine neue Praxis hinzutreten muß. Aber die praktische Frömmigkeit: Ist sie nicht wieder, verräterisch genug, auf den Einsatz von Geld, diesen „Ersatz für das Mitleiden am fremden Leid" (Johann B. Metz), reduziert? Zwar sind die Spendengelder millionenfach ersehnt, und der Beifall erschallt weltweit. Aber das risikolose „Opfer", die religiöse Vergoldung der Überschüsse (keiner greift die Existenzgrundlage an!): Bleiben sie nicht ein „Handel" vorbei an den tatsächlichen Bedürfnissen der geringsten Brüder (Mt 25,40), denen Spenden zuteil werden, aber nicht Brüderlichkeit; etwas, das letztlich dem eigenen Gewinn dienen soll: jetzt schon einem ruhigen Gewissen und später – wir sind noch immer so unbescheiden – einer Ewigkeit?

Welcher (Lebens-)Einsatz ist statt dessen geboten, welche (einschneidenden) Veränderungen sind – bei uns! – nötig, welche (spürbaren) Verzichte wären an der Zeit, damit die Menschheit solidarisch leben und eine „Zivilisation der Liebe" Wirklichkeit werden kann? In den Zusammenhang solcher Fragen gehört unser Text! Die Händler müssen weg!

5

Ein Traum
von Kirche

Ja, es ginge auch anders

BERNHARD HÄRING

Papst Johannes Paul I. waren nur dreiunddreißig Tage als Papst geschenkt. Doch er hat in dieser kurzen Zeit die erlöste und demütige Menschlichkeit im Petrusdienst gezeigt. In seiner ersten Ansprache in der Lateranbasilika ließ er ganz sein Herz sprechen: „Ich kann euch versichern, daß ich euch liebe, daß ich nur einen Wunsch habe, euch zu dienen, und meine bescheidenen Kräfte, das wenige, was ich habe und bin, in den Dienst aller zu stellen".

Mit prophetischer Klarheit spürte er, was in der Ausübung des Petrusamtes im Blick auf das Herzensanliegen Jesu entscheidend sein werde. Ungeschminkt und in seiner bezaubernden Schlichtheit sprach er sich über sein Amtsverständnis vor der Kurie und seinen vertrauten Freunden aus. Er könne sich unmöglich vorstellen, daß der Nachfolger Petri als Staatsoberhaupt auftrete. „Ich weiß wohl, daß ich nicht in der Lage sein werde, jahrhundertealte Regeln auf einmal zu ändern. Doch die Kirche muß nicht Macht und Reichtümer besitzen. Ich will Vater, Freund, Bruder sein, der als Pilger und Missionar auf alle zugeht, der kommt, um den Frieden zu bringen, die Brüder im Glauben zu stärken, Gerechtigkeit einzufordern, die Schwachen zu verteidigen, die Armen und Verfolgten zu umarmen ... Ich bin der ältere Bruder der Bischöfe; ihnen schulde ich Ehrfurcht. Ich muß und will mit ihnen in Gemeinschaft der Liebe stehen. *Die Kollegialität zwischen Papst und Bischöfen wird, wenn sie lebensvoll und wirksam wird, zum Prüfstein und Gütezeichen der Katholizität*". Im gleichen Kontext hebt Johannes Paul I. die hohe Bedeutung der Bischofskonferenzen und auch die unersetzliche Aufgabe der Theologen hervor (Camillo Bassotto, „Il mio cuore è ancora a Venezia" – Albino Luciani. Venezia 1990, 127).

Eines der ersten Anliegen von Papst Luciani war es, die durch „Humanae vitae" [Enzyklika Papst Pauls VI. zu Fragen der Empfängnisverhütung] entstandene Lage in der Kirche zu entkrampfen. Er erntete den Zorn einiger mächtiger Männer wegen einer diesbezüglichen Bemerkung: „Was verstehen denn wir Zölibatäre von den Problemen der Eheleute?" Ich möchte jedoch ausdrücklich betonen, daß ich von der Hypothese, man habe den Luciani-Papst ermordet, nichts halte. Verblendung in bezug auf falsche Sakralisierung kirchlicher Macht bedeutet durchaus nicht Entartung zu Bösewichtigen, die nach Gift oder Messer greifen. Allerdings hat man diesem menschenfreundlichen Papst das Herz schwer gemacht; dies sprach er am Abend vor seinem Tod einem Freund gegenüber schmerzerfüllt aus.

Fragen wir uns, was unterdessen im Verhältnis zwischen Vatikan und der Weltkirche aus der Kollegialität als „Gütezeichen der Katholizität" geworden ist. Das neue Kirchenrecht von 1983 anerkennt ausdrücklich den Grundsatz der Kollegialität, doch verengt es den Raum der Anwendung bis zur Unkenntlichkeit. Der weltbekannte Kanonist und Theologe Ladislas Örsy SJ geht diesem Problem in seinem höchst bemerkenswerten Buch „Theology and Canon Law: New Horizons for Legilation and Interpretation", (Collegeville, Minnesota 1992), gründlich nach. Er fragt unter anderem, welchen Raum das Gesetzessystem der Kirche dem Glaubenssinn der Christen gibt. Die Antwort ist bestürzend: praktisch keine. „Der neue Kodex gibt neu entstehenden Gebräuchen, die in der Gemeinschaft entstehen, amtliche Anerkennung, doch mit so vielen Einschränkungen, daß er sie in der Praxis erwürgt. ... Kein Wunder, daß die jungen Kirchen von heute in Asien und Afrika unfähig sind, ihr Eigenleben zu entfalten, wie es etwa die jungen Kirchen in den ersten Jahrhunderten konnten. Man kommandiert die

Ausführung des Gesetzes, ohne Rückfragen zu erlauben. Die geschichtliche Ironie ist, daß sich ein eigener römischer Ritus und eine eigene römische Kirchenzucht nur dank des Respekts von seiten der anderen Kirchen entfalten konnten". Er verweist auch nachdrücklich auf die ökumenische Seite dieser Tatsache: „Wir können die von Rom getrennten Kirchen Respektierung ihrer eigenen Einrichtungen und Gewohnheiten erwarten, wenn Rom im eigenen Haushalt den anderen Kulturen wenig Raum läßt?" (S. 9–10).

Der neue „Weltkatechismus" hämmert die alte Lehre ein, daß das Versäumen einer Sonntagsmesse schwere Sünde ist. Doch er stellt die Frage nicht im Blick auf die Weltsituation, wo infolge des Zölibatsgesetzes im „lateinischen Ritus" (der praktisch den ganzen Weltkreis einschließt) derart viele Priester aus dem Amt ausgeschieden sind bzw. so viele Menschen den Laienstand vorgezogen haben, daß aufgrund massiven Priestermangels der großen Mehrheit der Katholiken die regelmäßige, ja sogar die häufige Mitfeier der Messe verunmöglicht ist. Viele Männer, die durchaus gute Priester werden könnten, haben einfach nicht den Mut, sich unwiderruflich zum Zölibat zu verpflichten. Gibt es nicht viele heilige Ehemänner?

Die „religiöse Szene"
außerhalb der Kirche

MEDARD KEHL

Das Phänomen

Im Zusammenhang mit der „Intimisierung" von Religion kam bereits ein Phänomen zur Sprache, dem wir noch etwas mehr Aufmerksamkeit widmen müssen: daß sich nämlich in den letzten Jahrzehnten außerhalb des kirchlichen Rahmens und oft auch in betonter Absetzung vom traditionellen Christentum religiöse Strömungen ausbreiten, die für immer mehr Menschen unseres Kulturraums eine wirkliche Alternative zum christlichen Glauben darstellen. Ich meine hier nicht die vielen gut organisierten und finanzkräftigen Sekten, die sich augenblicklich überall auf der Welt stark ausbreiten (z.B. Scientology, Moon-Sekte, Zeugen Jehovas u.a.). Eine viel größere Herausforderung für die Kirche bilden bei uns jene religiösen „Bewegungen", die sich nicht im bekannten institutionellen Rahmen einer Kirche, einer Freikirche oder einer Sekte formieren, sondern eher in kleinen, miteinander „vernetzten" Gruppierungen und Initiativen, die sich häufig in kritischer Opposition zu den spezifischen *Dualismen* der Neuzeit bilden (z.B. zu den fast unversöhnlich gewordenen Gegensätzen zwischen Mensch und Natur, zwischen Religion und Wissenschaft, zwischen Frau und Mann, zwischen Gemüt und Verstand, zwischen Ästhetik und Ethik usw.). Weil das neuzeitliche Christentum in der Sicht vieler Zeitgenossen diese Polarisierungen weitgehend übernommen habe, artikulieren neuere religiöse Bewegun-

gen in einem synkretistischen Rückgriff u. a. auf die spät-
antike Gnosis, auf Theosophie und Anthroposophie, auf
Esoterik, Astrologie, indianische, germanische und östliche
Religionen die Sehnsucht vieler Menschen nach einem
neuen, aus den gegenwärtigen Überlebenskrisen rettenden
Bewußtsein der fundamentalen *Einheit* und *Ganzheit* aller
Wirklichkeit.[1]

Eine Zeitlang wurden diese gnostisch-esoterisch-natur-
mystisch geprägten „spirituellen" Bewegungen unter den
Sammelbegriff *„New Age"* gefaßt; aber dessen Blütezeit
ist inzwischen längst überholt. Ohne die kaum zu über-
schauende Vielfalt an Nuancen und Richtungen innerhalb
des als „New Age" bekanntgewordenen Komplexes zu ver-
nachlässigen, dürfte – nach dem Selbstverständnis der maß-
geblichen Vordenker dieser Bewegung (Fr. Capra, M. Fer-
guson, K. Wilber, G. Trevelyan, D. Spangler, Th. Roszak
u. a.) – damit folgendes gemeint sein: „New Age" verstand
oder versteht sich als eine gegengesellschaftliche Bewegung,
deren Weltanschauung von der Gewißheit eines jetzt unauf-
haltsam anbrechenden neuen Zeitalters (= New Age) durch-
drungen ist. Dieses heilbringende Zeitalter beendet die glo-
balen Überlebens- und die individuellen Sinnkrisen der
Gegenwart. Dies geschieht durch ein neues Bewußtsein der
kosmischen Einheit und Ganzheit aller Seienden. Die (serió-
sen) theoretischen und praktischen Anstrengungen der
New-Age-Anhänger sind auf die persönliche und gesellschaftliche Transformation des alten Bewußtseins zu dem
neuen hin ausgerichtet.

Auch wenn diese Bewegung im engeren Sinn ihren
Höhepunkt überschritten hat, so üben dennoch bestimmte,
darin integrierte Grundströmungen weiterhin eine große
Faszination auf viele Menschen, auch Christen, in den westlichen Industrienationen aus. Denn diese „nachchristliche
Religiosität" scheint inzwischen ein fester Bestandteil des
allgemeinen „Zeitgeistes" zu werden, der das Bewußtsein,
den Plausibilitätshintergrund, das Lebensgefühl („feeling")

und das Verhalten großer Teile der Menschen in unserer westlichen Kultur bestimmt. In dieser Religiosität fließen wohl vier populäre Strömungen zusammen, die sich gegenseitig bestärken und miteinander vermischen:

(1) Das *ökologische Bewußtsein,* das die hochsensible Verantwortung für das Leben in unserer Welt auf die universale „Vernetzung" allen Lebens im Kosmos gründet: Alles ist ein großer Organismus; wir selbst sind ein Teil von „Mutter Erde", die selbst wiederum organisch ins kosmische Ganze eingebunden ist.

(2) Die *naturwissenschaftliche Systemtheorie,* die sich zu einem umfassenden Erklärungsmodell für alle naturhaften, psychischen und sozialen Vorgänge entwickelt. Während die traditionelle Erklärung der Phänomene von einer eindeutigen und einlinigen Ursachenkette ausgeht (Ursache a, Wirkung b usw.), spricht die Systemtheorie von einer wechselseitigen Beziehung zwischen den verschiedenen Elementen einer Ganzheit. Nur so könne man Evolution, Selbstorganisation und Selbsttranszendenz (im naturwissenschaftlichen und soziologischen Bereich) verständlich machen.

(3) Die sog. *„transpersonale Psychologie"* (nach A. Maslow, Ch. Tart, St. Grof), welche die „transzendentalen Bedürfnisse" des Menschen zu entdecken und zu erfüllen helfen will. Damit ist all das gemeint, was den Menschen über sich hinaustreibt, was ihn so „transzendiert", daß er seinen Mittelpunkt nicht mehr in sich selbst sucht („Selbstverwirklichung"), sondern in dem, was größer ist als er selbst – also konkret im Kosmos, in der Natur und ihren Geheimnissen, im parapsychologisch zu erforschenden „Jenseits" u. ä.

(4) Die *feministische Bewegung,* die das Ende des patriarchalischen Bewußtseins und der ihm entsprechenden Gesellschaftsstrukturen proklamiert. Ein auf Partnerschaft zielendes, die Versöhnung von Männlich und Weiblich betreibendes, eher „androgynes" Menschen- und Gesellschaftsbild liegt ihr zugrunde. Sie sieht sich bestärkt durch die taoistische Weisheitslehre, nach der alles Sein stets in der

Bewegung zwischen den Grundpolen der Wirklichkeit (Yin und Yang) schwingt und nur in der harmonischen Vermittlung beider zu sich selbst kommt.

Aus diesen und ähnlichen Bewußtseinsströmungen der Gegenwart scheint sich m. E. eine neue, in unserer Kultur akzeptierte Religiosität weitgehend zu speisen. Die schöpferisch-kritische Auseinandersetzung von seiten des Glaubens steht hier erst noch in der Anfangsphase.

Eine wichtige Erscheinungsform dieser Religiosität besteht in ihrer Funktion als „*Lebenshilfe*". Ohne jeweils die ganze weltanschauliche Theorie zu kennen oder gar zu übernehmen, wählen viele (nicht anders als bei der christlichen Tradition) aus dem reichhaltigen sog. „spirituellen" Angebot das aus, was ihnen bei der Bewältigung der Überkomplexität der eigenen Lebenswelt dienlich erscheint, also z. B. bestimmte östliche Meditationsmethoden, Wege der therapeutischen Selbst- und Körpererfahrung, indianische und schamanische Naturmystik, Astrologie, Tarot, spiritistische und okkulte Praktiken usw. Manches davon ist durchaus hilfreich; anderes dürfte eine harmlose Freizeitbeschäftigung oder eine Verlagerung des üblichen Konsumdenkens auf die „spirituelle" Ebene darstellen, weil eben im Zeitalter der Pauschalreisen nur noch *ein* Land wirklich Neugier wecken kann: das Jenseits bzw. die eigene Seelentiefe. Anderes allerdings kann auch sehr gefährlich werden, nämlich dann, wenn es um okkulte, spiritistische oder gar satanistische Praktiken geht. Hier kann es zu einer suchtähnlichen Abhängigkeit kommen, die zu Unfreiheit und Gewalttätigkeit führt.[2]

Die Herausforderung der Kirche
durch diese Religiosität

(1) SENSIBILISIERUNG FÜR DEFIZITE KIRCHLICHEN LEBENS

Warum sind viele Menschen gerade der jüngeren und mittleren Generation, die christlich aufgewachsen sind und zeitweise kirchlich engagiert waren, augenblicklich eher bereit, sich von diesen neuen religiösen Bewegungen ansprechen zu lassen als von unserer Verkündigung?[3] Zweifellos empfinden sie – sensibler als manche älteren, an Normalität und Tradition gewöhnten Kirchenbesucher – bestimmte *Defizite* unserer kirchlichen Glaubenspraxis besonders stark. Sie erleben z. B. die „normale" kirchliche *Verkündigung* häufig als zu veräußerlicht, zu betriebsam, zu wenig in den seelischen Tiefenschichten verwurzelt. Ihr Hunger nach Selbsterfahrung und Selbstfindung, nach Meditation und Mystik wird im üblichen Gemeindeleben kaum gestillt. Fast alle Kräfte unserer Hauptamtlichen in den Gemeinden werden auf den durchaus sinnvollen Gemeindeaufbau und die Katechese verwandt, so daß oft wenig Zeit und Kraft bleibt für die persönliche Seelsorge. Das eigentliche seelsorgliche Gespräch, wo wir auf die Ängste und Sehnsüchte einzelner in Ruhe eingehen können, kommt zu kurz. Auch unsere Gottesdienste wirken auf viele Menschen zu ritualisiert und formalisiert; dazu werden sie fast ständig unter Zeitdruck gefeiert, so daß selten eine ruhige, meditative oder gar festliche Atmosphäre aufkommen kann.

Auch das gestörte Verhältnis des Menschen zur Natur, ja zur außermenschlichen *Schöpfung* insgesamt wird vielen Christen in der Kirche allzu selten thematisiert. Wir überlassen die Umweltproblematik und das Thema „Schöpfung" zu schnell den „Grünen" und einigen ihnen nahestehenden christlichen Gruppen, die leider eher am Rande des „normalen" kirchlichen Lebens stehen.

Vor allem aber erscheint vielen das christliche *Gottesbild* so lebensfern, so abstrakt und rational, so wenig mit Leben, Erfahrung und Geheimnis erfüllt. Ich frage mich bei den verschiedenen Kinder- und Jugendgottesdiensten, die ich halte, immer häufiger: Weiten wir hier nicht nur den Religionsunterricht oder die Gruppenstunden in den Gottesdienst hinein aus? Führen wir dabei die Kinder (aber nicht nur sie, auch die Jugendlichen und Erwachsenen) wirklich zu Gott als dem unergründlichen, liebenden Geheimnis unserer ganzen Wirklichkeit hin? Und zwar so, daß sie zu ihm persönlich beten können, mit ihm vertraut und befreundet werden, in ihm den Pulsschlag und die heilenden Kräfte des Lebens erspüren können? Gehen wir in unseren Gottesdiensten und in unserer Verkündigung nicht zu profan und professionell mit dem Wort „Gott" um, so daß von seiner tiefen Fülle an Sinngehalt wenig erlebbar wird? An uns Christen liegt es, ob wir Gott, diese in allem dabeiseiende und sich verströmende Liebe auf dem Grund aller Wirklichkeit, wieder für uns selbst und für andere spürbar werden lassen: daß in *ihm* und nicht in der Natur, auch nicht in uns selbst das letzte, tiefste, heilende Geheimnis unserer Welt liegt. Dazu müßten wir selbst aber viel mehr in diesem Grund verwurzelt sein – z. B. durch das Stillwerden-Können, das Meditieren, das Beten, eben das Atmen der Seele.

(2) Suche nach heilenden Auswegen aus den
    Sackgassen moderner Kultur
Darüber hinaus haben junge Christen oft ein sehr waches Gespür für einseitig-maßlose Entwicklungen in unserer westlichen Kultur. Um so empfänglicher sind sie deswegen für zukunftsverheißende *Auswege* aus den Sackgassen unserer Gesellschaft, die in solchen außer-christlichen Weltanschauungen angeboten werden – also z. B. wenn versucht wird, das rein zweckrationale, auf Funktionieren und Effizienz abgestellte Vernunftsverständnis zu überwinden zugunsten einer Versöhnung der Vernunft mit dem sogenannten „Anderen ihrer selbst", also mit Intuition, Phantasie, Uto-

pie, Mythos, Gemüt u.ä. Zwar enthalten diese Lösungs-
angebote manche abstruse Einseitigkeiten, aber immerhin
greifen sie auf ihre Weise die gegenwärtig allgemein gespürte
Krise der neuzeitlichen Vernunft auf. Oder wenn es darum
geht, die neuzeitliche Trennung von Mensch und Natur, von
„res cogitans" und „res extensa" (Descartes) aufzuheben
und zur Einheit einer großen, geschwisterlichen Schöp-
fungsgemeinschaft zu gelangen. Die Lösung, die angeboten
wird, besteht im „Einschwingen" des Menschen mit Leib
und Seele in die kosmische Ganzheit des Lebens, was zugleich eine neue Ehrfurcht vor allem Leben auf dieser Erde
hervorruft. Oder wenn dazu motiviert wird, dem rein kon-
sumorientierten, materialistischen Lebensstil abzusagen, um
einer „spirituellen", ganzheitlichen Weltsicht und Lebensweise Raum zu geben, in der über verschiedene Formen von
Meditation und Selbsterfahrung die Einheit von Leib und
Seele, von Mensch und Kosmos, von Gott und Welt zutiefst
erfahren werden soll. Demgegenüber scheint die Kirche vielen unserer Zeitgenossen zu sehr mit sich selbst beschäftigt
zu sein, immer im gleichen Trott weitergehen zu wollen und
so die „Zeichen der Zeit" zu verfehlen, die auf neue Weisen
des Umgangs des Menschen mit sich selbst, mit dem anderen, mit der Natur und auch mit Gott hindeuten.

(3) WAHRNEHMUNG DER SEHNSUCHT NACH HEIL
In der Tat: Es muß uns zu einer ehrlichen *Gewissenserfor-
schung* herausfordern, wenn selbst Christen zunehmend tie-
fere religiöse und geistliche Erfahrungen außerhalb der Kirche suchen. Die oben genannten Defizite unserer Verkündigung sind ja nicht zu leugnen; und auch die Grundanliegen,
die hinter dieser Religiosität und ihrem geistigen Umfeld
in Naturwissenschaften, Psychologie, Ökologie und Femi-
nismus stehen, sollten bei uns Christen auf viel offenere
Ohren stoßen. Natürlich sind wir als Kirche Jesu Christi,
des Gekreuzigten und Auferstandenen, nicht einfach für die
Befriedigung all dessen zuständig, was man heute „religiöse

Bedürfnisse" nennt und worunter sich oft genug die Lust am Okkulten, an unseriöser Parapsychologie und allen möglichen mysteriösen Phänomenen mischt. Aber hier das oft verborgene Moment an echter Sehnsucht nach *Heil,* nach Einheit und Ganzsein („Schalom"), ja, nach Gott herauszuspüren und mit unserer Botschaft darauf zu antworten, bedarf eines sehr präzisen Hinhörens und einer sorgfältigen „Unterscheidung der Geister".

Diese schließt durchaus auch den christlichen *Widerspruch* gegen bestimmte weltanschauliche Grundoptionen ein, die diese „spirituellen" Bewegungen außerhalb des Christentums oft propagieren. Denn hier wird doch weitgehend die alte *Gnosis* in neuem, zeitgemäßem Gewand wieder zum Leben erweckt: Jene spätantike (Selbst-)Erlösungsreligion, die parallel zum Christentum, in wechselseitiger Profilierung und Abgrenzung entstand, tritt wieder einmal als *die* große Versuchung gerade der frommen und „innerlichen" Christen auf. In einer radikalen Abwendung von dieser äußerst negativ beurteilten, eben „bösen" Welt und Geschichte sieht sie das Heil primär in der religiösen Erfahrung, im Gang nach innen, um in den Tiefen des eigenen Selbst das „Göttliche" zu entdecken, das Gott, Mensch und Kosmos zutiefst, eben von „Natur" aus, miteinander vereint und versöhnt. Das Bewußtwerden dieser naturhaften Einheit und ein davon geprägter ganzheitlicher Lebensstil gelten damals wie heute als Königsweg der Erlösung aus den vielen persönlichen und gesellschaftlichen Unheilserfahrungen.

(4) UNTERSCHEIDUNG DES CHRISTLICHEN

So fromm und plausibel diese Botschaft heute bei vielen auch wieder klingen mag, so entschieden muß hier doch von uns die „Unterscheidung des Christlichen" (Romano Guardini) bewußt gemacht werden. Ein Buchtitel von Hans Urs von Balthasar gibt für mich am kürzesten und treffendsten diesen Unterschied gegenüber aller modernen, gnostisch eingefärbten Religiosität wieder: „Glaubhaft ist nur Liebe" (1963). In unserem Zusammenhang möchte ich diese Kurzformel des Christlichen so auslegen:

Als glaubwürdige Verheißung von *Heil* und *Ganz*sein-Können kann sich nur das erweisen, was in seiner innersten „Substanz" *personale Liebe* ist. Das bedeutet: Liebe ist primär nicht irgendein diffuses Gefühl der Sympathie oder ein kosmischer Lebensstrom, der sich durch die ganze Wirklichkeit ergießt und alles belebt. Nein, im eigentlichen Sinn besteht Liebe in der personalen Zuwendung, die sich, ganz von ihr selbst her, ohne jede Nötigung schenkt; sie allein vermag Sinn zu stiften, der in sich selbst ruht und nicht dauernd – wie in der Gnosis – von sich weg auf immer neue Geheimnisse und Rätsel der Wirklichkeit verweist. Erst wenn wir hinter den Dingen unserer Welt ein liebendes Du wahrnehmen dürfen, das allem seinen tiefen, unergründlichen und unerschöpflichen Geheimnischarakter verleiht, werden auch die Natur und der Kosmos für uns heilend. Nur eine solche Liebe verdient „Glauben" im Sinn des umfassenden Sich-Öffnens, Sich-Anvertrauens und Sich-Einlassens auf die Wirklichkeit.

Konkret: Worauf ich mich im Leben, im Älterwerden und Sterben vorbehaltlos verlassen kann, worauf ich mein ganzes Leben verläßlich setzen und bauen kann, so daß es heil und ganz wird, das sind nicht meine tiefen Erkenntnisse, meine seelischen Selbsterfahrungen und weltanschaulichen Systeme, letztlich auch nicht die Natur, der Kosmos und die evolutive Kraft der Selbstorganisation des Lebendigen. Das alles „hat ein Ende" (1 Kor 13,8). Was unbedingt und un-endlich trägt, ist allein die Zusage einer Liebe, die mich z.B. in meinen Erfolgen und Glückserfahrungen dankbar und demütig (und damit wirklich human) sein läßt; die mich in meinen liebenden Beziehungen und in meinem sittlichen Handeln verantwortlich und frei sein läßt; die mich, wenn ich krank oder behindert, einsam oder dem Sterben ausgeliefert bin, nicht der Nutzlosigkeit preisgibt;

die mich in meiner Schuld und Erbärmlichkeit in barmherzigem Vergeben aufnimmt; die mich in der ganzen fragmentarischen Unvollkommenheit meines Selbst annimmt und mich *dadurch* heil und ganz macht. Erst *dieses* Ganz- und Heilsein-Dürfen befähigt mich zugleich zum Weiterverschenken der empfangenen Liebe, so daß auch mein liebendes Tun für andere „glaubhaft" sein kann.

Der Christ begegnet dieser rundum heilenden Liebe in Jesus Christus. Die Liebe, die von diesem Menschen (damals und heute!) ausgeht, verdankt er selbst einem personalen Ursprung unendlicher Liebe, den er „Vater" nennt. Wer sich mit Jesus Christus täglich neu diesem „Vater" anvertraut und sich von ihm zur Liebe zu den Menschen befreit weiß, der erfährt in tausend Zeichen und Gleichnissen die heilende Gegenwart dieser unendlichen Liebe. Dies genügt ihm für seine unruhige Sehnsucht nach Leben, Sinn und Heil; erkennt er doch darin, daß Augustinus recht hat, wenn er sagt: „Unruhig ist unser Herz, bis es ruht in Dir" – vorher nicht.

(5) MEDITATION UND PRAXIS DER NACHFOLGE

Aber wie kommt es zu einer solchen tiefen Erfahrung, die mich mit jeder Faser meines Daseins diese Liebe „verkosten" läßt und die deswegen auf andere Menschen ansteckend wirken kann? Zwei einander ergänzende und zueinander hinführende Wege sind dafür wohl maßgeblich:

(a) Einmal das *meditative Verweilen* bei dieser Gestalt Jesu, um sie gleichsam von allen Seiten anzuschauen, um ihr Wort und Wesen im Herzen – wie Maria – „um- und umzuwälzen" (Lk 2,19), sich gleichsam in diese Gestalt zu „verlieben" und ihr so Gelegenheit zu geben, sich in die innersten Falten meiner Seele einzunisten. Von P. Longhaye, einem vor etwa 100 Jahren verstorbenen französischen Jesuiten, stammt das schöne Wort, das er vor seinem Tod einem jüngeren Mitbruder als geistliches Vermächtnis übergab: „Studieren, durchstöbern, erforschen, entfalten Sie alle Möglichkeiten auf der Suche nach Jesus Christus. Schauen Sie ihn unverwandt an, bis Sie ihn auswendig können. Besser noch: bis Sie ihn assimiliert haben, bis Sie in ihn absorbiert worden sind". Sofern die verschiedenen Methoden der Meditation, die heute auch im christlichen Bereich angeboten werden, zu dieser liebenden Kontemplation Christi (Ignatius v. Loyola nennt sie die „intima cognitio") hinführen, sind sie nur zu begrüßen; denn dann widerstehen sie der Versuchung, im Genuß der eigenen Tiefenerfahrung auszuruhen.[4]

(b) Dafür gibt gerade die andere Weise der Begegnung mit Christus eine gute Gewähr: das *Nachgehen* der Wege Jesu, gerade da, wo er bei den Sündern, den Kleinen, den Kranken, den Armen seine „Bleibe" sucht (vgl. Joh 1,38; Mt 18,5; Mt 25,31ff). Die „Option Gottes für die Armen und Kleinen" geht eben so weit, daß er sich in Jesus Christus ausdrücklich mit ihnen identifiziert hat. Wer zu diesen Menschen gut ist, verhält sich darin gut zu Jesus Christus; er berührt in ihnen – nicht weniger als in der Eucharistie – den gebrochenen und verwundeten „Leib Christi". Denn er geht den erlösenden Weg jenes Gottes nach, der auf der Suche nach den Verlorenen ist; und bei ihnen findet er den, der aus unendlicher Liebe selbst zum „verlorenen Sohn" geworden ist, um unsere Verlorenheit von innen her mit Liebe und Heil zu erfüllen. Diese spezifisch christliche Weise der Begegnung mit Gott wird in einem Wort, das aus einem russischen Konzentrationslager überliefert wird, sehr pointiert ausgedrückt: „Ich suchte Gott und fand ihn nicht; ich suchte meine Seele und fand sie nicht; ich suchte meinen Nächsten und fand alle drei."

Ein Traum von Kirche

PAUL M. ZULEHNER

Wir erheben in den folgenden Zeilen nicht den Anspruch auf eine umfassende „Lehre von der Kirche" (Ekklesiologie). Vielmehr werden wir nur Wirklichkeiten *„an der Kirche"* beschreiben: Wirklichkeiten freilich, die für die Erfahrung des Menschen mit Kirche sehr wichtig sind. So dürfen unsere Ausführungen ruhig fragmentarisch sein, solange sie nicht theologisch falsch werden.

Dazu kommt, daß wir einen Traum von Kirche versuchen, eine Utopie, eine Vision. Eine Utopie ist dabei Wahrheit von weitem gesehen. Beschrieben wird somit das, was Kirche sein könnte, ohne es jemals ganz sein zu können. Zugleich kommt darin aber schon im Ansatz zur Sprache, in welche Richtung sich Kirche erneuern müßte, und zwar unablässig, auch nach dem II. Vatikanischen Konzil. So besehen wird der Traum Ermutigung zur Erneuerung, aber auch ansatzhaft Kritik an der konkret vorfindbaren Kirche.

These
„Kirche" wird erträumt als jenes (gesellschaftliche) Lebensfeld, auf dem von Jesus her eine neue Lebensweise gelebt, erzählt und gefeiert wird.

(1) ALTERNATIVE ZUM ERERBTEN LEBEN
Unser Traum von Kirche fügt sich an die vorausgegangene These über die Erlösung an. Er soll die Frage beantworten helfen: Wenn es wirklich stimmt, daß Gott Anwalt unseres Lebens ist und in Jesus, seinem Christus, der Durchbruch

geschafft wurde, wie wird dann für uns heute „Erlösung" als Befreiung *erfahrbar und wirklich?*

Hierauf sagen wir unverdrossen (wenigstens in unserem Traum): in der Kirche und meinen damit bei uns. Dies sagen wir, weil wir Kirche als Lebensfeld inmitten der Gesellschaft begreifen, wo anders, *„alternativ"* gelebt wird – anders als in den wichtigen gesellschaftlichen Lebensfeldern. Anders vor allem, weil hier nicht „Beziehungsarmut", Sinnlosigkeit und Hoffnungslosigkeit verdoppelt werden[1], sondern weil hier der Mensch in Richtung auf Beziehungsfähigkeit, Hoffnung und Leben in Bewegung kommt, „umkehrt" bzw. „umgekehrt wird".

Unser Traum von Kirche sagt also: Wenn ein Mensch in dieses Lebensfeld der „Kirche" gerät, mit ihm in Berührung kommt, in einen lebensbedeutsamen Austausch eintritt, dann begegnet er Menschen und in ihnen jener erlösendbefreienden Lebenstradition, die von Jesus herkommt. Er erlebt hier einen anderen „Geist", den die Bibel den „Geist Jesu" nennt. Und indem er mit diesen Menschen sein Leben teilt, gelangt er selbst „ins Leben". Er lernt, seine Lebensgeschichte, also die „Schrift" seines Lebens, nach der für Christen einzigen Vor-Schrift zu schreiben, nämlich nach der Lebensgeschichte Jesu, nach seinem Leben, Leiden, Sterben und Auferstehen. Christ ist daher einer, so steht lapidar im 1. Johannesbrief, einer, der „in Christus ist" und „lebt wie er" (1 Joh 2,6).

Konkret heißt dies aber wieder: Der Christ ist nicht einer, der im Strom der Geschichte schwimmt und bestrebt ist, sich möglichst rasch an das Ufer der Ewigkeit zu retten, um womöglich von dort (schadenfroh) zuzusehen, wie andere untergehen.[2] Christ ist gleichsam ein „Rettungsschwimmer Gottes". Er rettet sich selbst, indem er andere rettet. Er gelangt zum Leben, indem er anderen leben hilft.[3] Und er tut dies, weil er in den Herrschaftsbereich des lebendigen Gottes Jesu eintritt, also glaubt und Gott liebt. Darin stellt er sich auf die Seite Gottes. So aber beginnt er an der „Arbeit" Gottes für den Menschen teilzunehmen, welches Grundthema der ganzen Welt- und Heilsgeschichte ist: nämlich dem Menschen leben zu helfen. Will doch Gott nicht den Tod des Sünders, sondern daß er sich bekehrt und lebt.

Kirche, von der wir hier träumen, erweist sich so im Auftrag Gottes als Anwalt des Lebens der Menschen. Sie ist in einer Welt, in der die Fragmente des Todes überwiegen, ein Ort, an dem die Fragmente des Lebens überhand nehmen.[4] So verändert sie aber nicht nur das Leben des einzelnen Menschen, sondern veröffentlicht für die Menschen eine Lebenstradition, die zur kritisch-befreienden Anfrage an ihre ererbte Lebensweise wird. Noch mehr, Christen, die Erlösung zum Leben erfahren haben, gehen daran, die Lebensweise in den gesellschaftlichen Lebensfeldern mitzugestalten, damit die verordnete Lebensbehinderung und Lebenszerstörung eingedämmt wird.

(2) ERFAHRUNGSEBENEN[5]

Die alternative Lebensweise, die von Jesus herkommt und in der Kirche öffentlich da ist, wird auf verschiedenen Ebenen erfahrbar. Man kann diese Erfahrungsebenen am menschlichen Leben ablesen. Dabei geht es um die Frage, was „intensiv leben" heißt. Von da her soll gezeigt werden, was „intensive Kirche" ist.

Im bekannten Musical „Anatevka" stellt der Milchmann Tevje seiner Frau Golde nach 25 Jahren die Frage: Golde, liebst du mich? Worauf sie antwortet: Frag mich nicht so dummes Zeug. Er aber beharrt: Golde, liebst du mich? Da sagt sie: 25 Jahre lebe ich mit dir, schlaf mit dir, koch dir, habe ich dir Kinder aufgezogen. Soll das nicht Liebe sein? Offensichtlich kommt es darauf an, daß die Liebe wirklich gelebt wird. Was würden denn viele Worte nützen, was große Feste, wenn die Liebe nicht in der Tat gelebt wird? Wenn einer für den anderen nicht „einsteht"? So ist die erste und wohl grundlegende Erfahrungsebene des Lebens das, „was wir leben".

Ganz unrecht hat aber der Milchmann Tevje mit seiner Frage nicht. Liebe will nämlich „eingestanden" werden. Sie drängt zur Sprache. Menschen *erzählen* davon. Sie schreiben Liebesbriefe. Sie sprechen aus, daß sie einander lieben. Umgekehrt bleibt eine sprachlose Liebe arm und verkürzt. Menschen, die nicht miteinander sprechen, werden einander allmählich fremd. Noch mehr, man kann einen Menschen sogar totschweigen. So gehört zu einem intensiven Leben dazu, daß das, was wir leben, auch zur Sprache kommt und daß uns unser Leben dabei bewußt wird. Und indem wir einander Leben erzählen, bereichern, intensivieren und verändern wir es. Das ist die zweite Erfahrungsebene.

Schließlich ist es eine lange Menschheitstradition, daß Leben, das zur Sprache gebracht wird, auch Thema von *Festen und Feiern wird.* Intensiv ist Leben, wenn es „spielerisch" miteinander gefeiert wird. So wurde die Liebe zwischen Mann und Frau schon immer zum öffentlichen Fest der Hochzeit: Sie feiern „Einstand". Manchmal kommt es mir so vor, daß junge Menschen, die heute nicht mehr öffentlich heiraten, nicht nur Sorge vor dem Scheitern der Liebe und den damit verbundenen rechtlichen und finanziellen Belastungen haben, sondern daß sie niemanden haben, mit dem sie das Fest ihrer Liebe feiern können. Oder sollte uns die Fähigkeit zum Feiern abhanden gekommen sein? Wir meinen, daß intensives Leben danach verlangt, daß das Leben auch selbst zum Thema von Festen werden kann. Feste stellen aber Leben nicht nur dar, sie gestalten und verändern es auch. Bei der Heirat wird dem Paar öffentlich eine neue Lebensgestalt zugewiesen und damit auch gefestigt und geschützt. Leben miteinander feiern: Das ist somit die dritte Erfahrungsebene.

(3) Intensiv gelebte Kirche

Mit den in der Kirche von Jesus her tradierten Lebensweisen ist es nicht anders. Kern dieser Lebenstradition ist die liebende Zuwendung Gottes zum Menschen und die Befreiung des Menschen zur umfassenden Liebe und darin zum Leben. Intensiv anwesend ist daher diese befreiende Lebenstradition in der Kirche nur dann, wenn sie auf allen drei Erfahrungsebenen vorkommt: also gelebt, erzählt und gefeiert wird.[6]

Grundlegend ist die vitale Liebe: jene, die von Gott empfangen wird, und jene, die Menschen Gott und einander als Antwort darauf geben. „Fahrzeug", Erfahrungsraum dieser Liebe Gottes zu uns ist dabei das konkrete Leben selbst, das eigene Leben, das ich tapfer annehme, die Menschen, die mir geschenkt sind, die Welt und ihre verhaltene Schönheit. Ein wichtiger Erfahrungsraum unserer Antwort auf Gottes zuvorkommende Liebe ist unsere Liebe untereinander. Hierin erweisen wir uns als Erlöste: daß wir einander lieben. Dabei meint diese Liebe den anderen um seinetwillen und „verzweckt" ihn auch nicht für die Gottesliebe. Und doch bleibt es richtig, daß unsere Liebe untereinander auch schon real gelebte Liebe zu Gott ist: Weil wir uns von Gott Leben schenken lassen, indem wir einander lieben. Im neueren pastoraltheologischen Sprachgebrauch nennt man diese grundlegende Erfahrungsebene „Koinonia" (Gemeinschaft), und daraus wachsend „Diakonia", Dienst an den Mitmenschen.

Kirche ist somit ein Netz gottgestifteter Beziehungen. Kirche ist schon dort, wo Menschen miteinander in Beziehung treten, „mitmenschlich" sind. Denn wo die Liebe wohnt, dort wohnt Gott (1 Joh 4,7–21). Grundauftrag der Kirche ist es daher, Menschen miteinander in Beziehung zu bringen, Beziehungen unter Menschen anzuknüpfen. Das ist ihre grundlegendste Aufgabe. Es ist dies gleichsam das fünfte und vermutlich wirksamste Evangelium. Wer hier über „bloße Mitmenschlichkeit" klagt, hat Kirche noch nicht verstanden. Gewiß, Kirche wird erst dort intensiv, wo diese Beziehungen auch als gottgestiftet gedeutet und gefeiert werden. Was nützte aber das Erzählen und Feiern der Liebe, wenn sie nicht gelebt wird? Mir fällt hier das präzise Wort aus der Predigt eines weisen Benediktiners ein: Jesus ist nicht gekommen, um die Menschen fromm zu machen, sondern die Frommen menschlich.

So sehr es auf die umfassende (Gottes- und Nächsten-) Liebe als Grundlage ankommt: Kirche bringt das, was sie lebt und erlebt, auch zur Sprache. In ihrer Verkündigung *erzählt* sie, was Gott an uns Menschen Großes getan hat: daß er Anwalt des Lebens ist, indem er uns in Jesus zur Liebe befreit und uns darin Leben und Zukunft gibt. Und weil Gott mit seinem Geist in der Kirche uns nahe ist, ist das Wort der Kirche in ihrer Verkündigung von täuschungsfreier Wirksamkeit. „Unfehlbar", so sagen wir mit einem durchaus mißverständlichen Wort. Aber im Grunde ist nichts anderes damit gemeint, als daß der Mensch nicht getäuscht wird und damit in seinen tiefen Hoffnungen ins Leere läuft, wenn er sein Leben auf Jesus setzt, von dessen Leben, Wirken, Sterben und Auferwecktwerden in der Kirche erzählt wird.

Zur Sprache kommt aber nicht nur das, was Gott an uns tut. Zur Sprache kommt auch unser Leben, insofern es eine Antwort auf Gottes zuvorkommende Liebe ist. Intensiv finden wir daher in der Kirche die Lebenstraditionen von Jesus her dann, wenn unser gelebtes Leben auch vor Gott zur Sprache kommt. Im Grunde heißt das *Beten.*[7] Dabei kann dieses Beten ebenso viele Formen annehmen, als das Leben selbst an Formen reich ist. Da gibt es das anbetende Gebet, das dankende, das preisende und lobende. Daneben gibt es aber auch das Gebet um Vergebung, weil unser Leben ja nicht nur „reine Heilsgeschichte" ist, sondern oftmals auch zur Unheilsgeschichte wird. So wird in der Kirche auch persönliche und gemeinschaftliche Schuld zur Sprache kommen. Darüber hinaus wird das Bittgebet einen breiten Platz einnehmen, weil wir ja nicht an einen desinteressierten fernen Gott glauben, sondern an einen, den wir bestürmen sollen wie die Freundin ihren Freund, wenn sie mitten in der Nacht etwas braucht. Zur Sprache bringen wir dann aber auch das, was wir in der Kirche miteinander leben. Das kann bedeuten, daß wir einander für die Liebe danken, die wir erfahren. Das kann aber auch heißen, daß wir einander ernsthaft mahnen und auf dem Weg der Umkehr zur Liebe begleiten.

Schließlich gehören zur Kirche das *Fest und die Feier*.[8] Das, was wir von Gott her erfahren und miteinander leben, ist Thema dieser Feste. Feste gibt es in der Kirche viele. Zentral aber ist die Feier der Eucharistie. Was Kirche ist, kommt hier „spielerisch" voll zur Darstellung: Sie ist das Volk, das Gott sich selbst gesammelt hat und wo er mitten unter uns wohnt. Bei der Feier wird erzählt, wie Gott uns versammelt hat: Deshalb werden der Tod Jesu verkündet und seine Auferstehung gepriesen.

Rund um diese zentrale Feier gibt es weitere. Dabei nehmen unter diesen liturgischen „Spielen" (wobei typisch für ein Spiel ist, daß Wirklichkeit zweckfrei zur Darstellung kommt und zugleich geformt wird) die *Sakramente* eine bevorzugte Stelle ein: In ihnen kommt Leben in entscheidenden Situationen vor. Am (gar nicht so schwierigen) Beispiel des Ehesakraments: Thema dieses Festes ist die Liebesgeschichte des Paares. In der Verkündigung ist diese Liebesgeschichte schon als gemeinsame Geschichte der beiden mit ihrem Gott zur Sprache gekommen. Dabei haben sie Gott erkannt als den, der sich – wider alle menschlichen Prognosen – für ihre Treue und darin für ihre gemeinsame Zukunft stark macht, wenn sie sich glaubend auf ihn einlassen und die Liebe Jesu als „Vor-Schrift" für ihre gemeinsam zu schreibende Liebesgeschichte annehmen. In der Trauungsfeier wird vorab Gott dafür gemeinschaftlich gedankt, daß er Leben und Liebe schafft und sich für die Liebenden stark macht. Zugleich werden die beiden gefeiert, weil sie das Geschenk der Liebe annehmen und darin wenigstens im Ansatz Gott loben, preisen und ihm danken. So aber öffnen sie sich (noch) mehr für jene Zukunft, die sie aus dem Glauben und aus der Kraft Gottes miteinander zu leben versuchen. Wo dies dann auch gelebt wird, werden die Eheleute zum „Hinweis" darauf, daß Gott Anwalt des Lebens ist.

Hirtenschreiben
Papst Johannes' XXIV.

BERNHARD HÄRING

„Eines Mannes Traum bleibt Traum. Doch wenn Millionen von Menschen den gleichen Traum träumen und mehr als Träumer sind, dann ändert sich die Welt." Diesem Wort zufolge schreibe ich hier einen Traum nieder, von dem ich weiß, daß ihn bereits Millionen träumen, auf daß ihn noch mehr Gläubige träumen und sich dafür einsetzen. Wenn ich in der folgenden Fiktion den Namen Johannes XXIII. anrufe in der Hoffnung, daß sein kostbares Erbe von einem Papst wieder radikal aufgegriffen werde, so heißt das nicht, daß erst ein neuer Papst kommen müsse, wohl aber besagt es auch Hoffnung, daß schon unter dem jetzigen Pontifikat die Grundanliegen Johannes XXIII. neu aufgegriffen werden und der Weg zu „Johanneischen" Lösungen bereitet, zum mindesten aber nicht verbaut wird. Hier also mein Traum, unser Traum!

Hirtenschreiben Papst Johannes' XXIV.
zu Beginn des neuen Milleniums, am 1.1.2001

Geliebte Schwestern und Brüder!

Die Christenheit tritt heute auf ihrer Pilgerreise ins dritte Millennium ein. Sie steht vor großen und brennenden Fragen. Doch wir setzen unsere Hoffnung auf den Herrn der Geschichte und wollen uns Seinem Heiligen Geist in Demut öffnen.

Was könnte uns an diesem Tag mehr bewegen als das Herzensanliegen unseres gottmenschlichen Stifters vor seinem Hingang: „Daß alle eins seien"?

Mit Papst Johannes XXIII. und dem von ihm einberufenen Konzil, auf dem zum ersten Mal der ganze Erdkreis vertreten war, ist eine strahlende Morgenröte aufgegangen. Die katholische Kirche ist in das Zeitalter des Ökumenismus eingetreten. Sein verehrungswürdiger Nachfolger, Paul VI., setzte sein Werk mit Zähigkeit fort. Er hatte auch den Mut, vor dem Weltkirchenrat seine Furcht auszudrücken, daß das Papsttum in seiner geschichtlichen Gestalt ein großes Hindernis auf dem Weg zur Wiedervereinigung der Christenheit werden könnte. Sein liebenswürdiger Nachfolger Johannes Paul I. sprach mit prophetischer Klarheit aus, daß die Kollegialität zwischen Bischöfen und Papst den Prüfstein und das Gütezeichen der Katholizität ausmacht. Er hatte sich dabei auch mutig Gedanken gemacht, was das z. B. für die Art und Weise der Ausübung des Petrusdienstes bedeuten müßte.

Vieles ist unterdessen geschehen, vieles auch versäumt worden. Nun ist es Zeit, unverzüglich entschiedene Schritte zu unternehmen. Der wichtigste Schritt ist zunächst die demütige und mutige Aufarbeitung der Papstgeschichte. Dann sollen aber auch klare Zeichen gesetzt werden, daß wir aus der Geschichte lernen und uns vom Wort Gottes erleuchten lassen wollen. Wir besinnen uns auf den Petrusdienst, wie ihn Jesus wies, und wie er sich in der ältesten Tradition darstellte.

Das zweite Millennium ist die Ära der traurigen Kirchentrennungen. Einer der Gründe war die Verstrickung der Bischöfe, vor allem der Bischöfe von Rom, in weltliche Machtkämpfe und allzu weltliche Vorstellungen von kirchlicher Autoritätsausübung und Macht. So kam es zu unbegreiflicher Blindheit. Mit Schauer denken wir an Tortur, Ketzer- und Hexenverbrennungen. Die Methoden der Inquisition verhinderten den gesunden, offenen Dialog im Suchen nach mehr Licht in Fragen der Lehre, der Sittlichkeit und der Kirchenzucht. Trotz allem schenkte Gott der Römischen Kirche immer wieder auch gute Bischöfe. Doch ihre Heiligkeit und Weisheit kam in den verkrusteten Strukturen nicht genügend zur Geltung. Die Kirchen verteidigten sich und ihre Lehre und Praxis in einer Art Turm-Mentalität. Jeder Teil, ganz besonders aber die Päpste meldeten eine Art Monopol auf den Wahrheitsbesitz an. So kam das gemeinsame Suchen weithin zum Erliegen. Doch Gott sei gepriesen für das Wehen des Geistes in allen Teilen der Christenheit, für die vielen Schritte einer ökumenischen Neubesinnung und die Stärkung des Geistes des Dialogs, des Hinhörens aufeinander.

Heute richten wir unseren Blick jedoch auf die Zukunft, wenngleich in vollem Bewußtsein der Vergangenheit, die noch zu bewältigen ist. Ich möchte nur die wichtigsten Punkte nennen, die zum unmittelbaren Programm gehören:

1. Da Thron, Krone und pompöse Titel pathologische Symptome waren, verbiete ich energisch, den Bischof von Rom mit antievangelischen Titeln zu nennen wie „Seine Heiligkeit", „Heiliger Vater"; denn so nennt Jesus den allein heiligen Gott vor seinem Hingang. Schämen müssen wir uns, daß sich der Papst von Höflingen sogar als „Sanctissimus" und „Beatissimus" nennen ließ. Es wird keine „Ehrenprälaten seiner Heiligkeit" mehr geben wie auch keine „Purpurträger" mehr. Es sei nicht mehr die Rede von Hoheiten und Erhabenheiten und ähnlichen Dingen im Vatikan. Denn der Treffpunkt mit Gott, der sich ins Jesus als Demut geoffenbart hat, ist das Bewußtsein unserers Nichts.

2. Die staunenswerten Ergebnisse der zweiseitigen und vielseitigen Dialog-Bemühungen müssen von unserer Seite baldmöglichst aufgegriffen und zum erwünschten Ziel geführt werden. Symbol dessen ist, daß der bisherige „Rat für die Einheit der Christenheit" von nun an zu einer Hauptbehörde, zur Kongregation für den Dienst an der Einheit

erhoben wird. Was die Rezeption der Ergebnisse betrifft, ist nicht mehr die Glaubenskongregation zuständig. Es müssen unter der Leitung der soeben genannten Kongregation für den Dienst an der Einheit entsprechende Strukturen bestimmt werden, die garantieren, daß das ganze Gottesvolk, vor allem aber alle Bischöfe und Bischofskonferenzen und theologischen Fakultäten an diesem wichtigen Vorgang mittätig werden.

3. Der Papst bindet sich an eindeutige Strukturen, die die Kollegialität ausdrücken und fördern. Das bedeutet unter anderem, daß die Bischofssynode, die in regelmäßigen Abständen stattfindet, mehr als eine beratende Funktion hat. Der Papst wird ihre Beschlüsse entgegennehmen und normalerweise bestätigen. Strittige Punkte werden in geduldigem und offenem Dialog geklärt.

4. Was die Wahl beziehungsweise die Bestätigung der Bischöfe in aller Welt betrifft, kehren wir entschlossen zur Praxis des ersten Jahrtausends zurück. Dabei können wir sicher viel lernen von der ununterbrochenen Praxis unserer Orthodoxen Schwesterkirchen und von den aus der Reformation hervorgegangenen Schwesterkirchen. Der Bischof von Rom wird entsprechend seiner ökumenischen Aufgabe von Vertretern der Bischofskonferenzen gewählt, nach Modalitäten, die in der nächsten Bischofssynode festgelegt werden sollen. Ebenso muß baldmöglichst die völlige Neuordnung des sogenannten diplomatischen Corps von einer Bischofssynode in Angriff genommen werden. Schon allein der Name ist unannehmbar, weil an staatliche Machtstrukturen erinnernd.

5. Durch sorgfältige Interpretation der Dokumente des Ersten und Zweiten Vatikanischen Konzils im Licht von Wort Gottes und Tradition ist hinreichend erwiesen, daß die Ausübung höchster Lehrautorität des Bischofs von Rom

völlig eingebunden ist in das Ganze der Kirche. Er ist nicht sozusagen ein Lehrer von außen und oben, sondern in besonderer Weise eingebunden in die Lerngemeinschaft mit ihren ökumenischen Dimensionen und Organen. Er ist an den Auftrag gebunden, durch sein Beispiel und die Art seiner Autoritätsausübung den Glauben an den demütigen, gewaltfreien Gottesknecht und Menschensohn, den der Vater beglaubigt hat, zu stärken und so mitzuhelfen, den Glauben der ganzen Kirche zur Sprache zu bringen. Er gehört ebenso zur lernenden und hörenden wie zur lehrenden Kirche; er muß mit allen anderen vor allem auf das Wort Gottes hören und die Zeichen der Zeit beachten und zu entziffern versuchen.

Er muß erfahren, was in der Kirche wirklich aus der Freiheit des Glaubenssinnes und des Gewissens geglaubt wird. Er muß achtgeben auf die Rezeption oder etwaige Nicht-Rezeption von Lehrschreiben. Diese Aufgabe kann der Bischof von Rom in Zusammenarbeit mit seinen Brüdern im Bischofsamt nicht fruchtbar und mit Zuversicht erfüllen, wenn nicht in der ganzen Kirche ein wirklicher Freiraum für ehrlichen Dialog besteht.

Der Zustimmung meiner Mitbischöfe sicher, setze ich deshalb die Bestimmungen des kirchlichen Rechts (CIC, c. 1371, § 1), wonach Äußerung von Dissens angesichts nicht-unfehlbarer Lehren des Papstes als Straftat gilt, außer Kraft. Außer unserem Taufgelübde und dem gemeinsamen Bekenntnis unseres Glaubens gibt es fortan keine Treue-Eide gegenüber dem Papst mehr.

„Euer Wort sei Ja, Ja, Nein, Nein. Alles, was darüber ist, ist vom Bösen" (Mt 5,37).

6. Die nun einmal anstehenden brennenden Fragen, wie etwa die Rolle der Frau in der Kirche und eine eventuelle Frauenordination, dürfen kein Tabu sein. Sie sollen im innerkirchlichen Dialog und in der ökumenischen Lerngemeinschaft geklärt werden, bis sie reif sind für Entscheidungen.

Diese wird der Papst nicht im Alleingang treffen, sondern in voller Kollegialität.

7. Die Kirche soll Licht für die Welt, Salz der Erde sein. Sie soll und will eine Art Sakrament des Heiles und der Heilung, des Friedens und der umfassenden Gerechtigkeit werden. Darum gehen wir unseren Weg in tief gefühlter Solidarität mit der ganzen Menschheitsfamilie, mit allen Völkern und Kulturen, nicht zuletzt auch mit den großen Weltreligionen des Ostens.

Im Verein mit allen wollen wir lernen, wachen und beten und uns gemeinsam bemühen um die brennendsten Probleme, auf die uns auch das Evangelium weist, wie Friede und Friedensarbeit im Geist der evangelischen Gewaltfreiheit und der Entfeindungsliebe, Gerechtigkeit und Wahrung der den Menschen anvertrauten Schöpfung.

Ich empfehle mich und meinen Dienst in der Kirche Euerm Gebet, wie auch ich euch der Gnade und Liebe Gottes unseres Vaters und unseres Herrn Jesus Christus empfehle.

Euer Bruder in Christus, Johannes XXIV.

NACHBEMERKUNG
Ein verehrter Freund, lange Jahre gleichsam das Sprachrohr Pius XII. in Italien, setzte sich beim Papst und bei einflußreichen Männern des Vatikans mit ungeheurer Zähigkeit, bisweilen auch mit einem der Aufdringlichkeit nahekommenden Engagement für tiefgreifende Reformen des Vatikans und von dort her für die Gesamtkirche ein. Dann aber überfiel ihn nach harten Mißerfolgen eine tiefe Entmutigung. Er wollte am liebsten nicht mehr von Kirche sprechen, sondern nur noch weltweit das Kommen des Reiches Gottes und damit einer „besseren Welt" verkünden.

Sicher, wir können zeitweise am Papst vorbei und unentwegt an das Kommen des Reiches Gottes glauben und das Reich der Wahrheit, der Liebe, der Gerechtigkeit und des Friedens verkünden und bezeugen. Die Kirche konnte auch ausgesprochen unnütze Päpste überstehen und sogar papstlose Perioden oder solche, in denen es schwer war, zu bestimmen, wer denn eigentlich der rechtmäßige Papst sei. Doch haben dabei die ganze Kirche und auch ihre Sendung, das Kommen des Reiches Gottes zu verkünden und zu bezeugen, schwer gelitten. Eines der bittersten Leiden ist die Spaltung der Christenheit.

Unsere Kirchenkritik und speziell ein von Millionen erträumter und erhoffter Hirtenbrief im Geiste des Evangeliums und im Dienste der Einheit der Christenheit sind Ausdruck einer ungebrochenen Liebe zur Kirche und auch einer ungebrochenen Überzeugung von Sinn und Bedeutung des Petrusdienstes. Lasset uns beten!

Anmerkungen

Heinrich Fries, Dialog oder Monolog?, S. 39 f

[1] W. Seibel, Selbstzerstörung der Autorität, in: Stimmen der Zeit 114 (1989) 145.

Herbert Haag, Das freie Wort in der Kirche, S. 69 ff

[1] Einsiedeln 1953.
[2] Ebd., 27.
[3] Ebd.
[4] Herderbücherei Bd. 393, Freiburg i. Br. ³1972, 87–93, das Zitat 87.
[5] Herderbücherei Bd. 446, Freiburg i. Br. 1972.
[6] Die Zitate ebd., 61, 62 und 65.
[7] Ebd., 115 f.
[8] Ebd., 129; die Zitate 127–129.
[9] Zit. bei Rahner, ebd., 8 f.
[10] Die Zitate ebd., 13–17.
[11] Ebd., 26.
[12] Ebd., 35.
[13] Pastoralinstruktion über die Mittel der sozialen Kommunikation vom 3. Juni 1971, 115 f.
[14] Monatliches „Wort des Bischofs", April 1980.

Medard Kehl, Die „religiöse Szene" außerhalb der Kirche, S. 97 ff

[1] Vgl. dazu v. a. J. Sudbrack, Neue Religiosität – Herausforderung für die Christen, Mainz ³1988; ders., Die vergessene Mystik und die Herausforderung des Christentums durch New Age, Würzburg 1988; M. Kehl, New Age oder Neuer Bund? Mainz ³1989; G. Schiwy, Der Geist des Neuen Zeitalters, München 1987; Ch. Schorsch, Die New-

Age-Bewegung, Gütersloh ²1988; H. Baer, Neue Wege zur Transzendenz?, Hamm 1987; H. D. Mutschler, Physik – Religion – New Age, Würzburg 1990; H. J. Höhn, Gegen-Mythen (QD 154), Freiburg 1994.

2 Dazu: W. Janzen, Okkultismus, Mainz-Stuttgart ²1989; B. Wenisch, Satanismus, Mainz-Stuttgart ²1989; U. Rausch/E. Türk, Geister-Glaube. Arbeitshilfe zu Fragen des Okkultismus, Düsseldorf 1991.

3 Vgl. M. Kehl, Die Kirche zwischen neuen gnostischen und geistlichen Bewegungen, in: K. Hillenbrand/M. Kehl (Hg.), Du führst mich hinaus ins Weite (FS Georg Mühlenbrock), Verlag Echter Würzburg 1990, 28–40.

4 Dazu: J. Sudbrack, Sich in Gottes Ordnung bergen, Würzburg 1986; ders., Meditative Erfahrung – Quellgrund der Religionen? Mainz-Stuttgart 1994.

Paul M. Zulehner, Ein Traum von Kirche, S. 108ff

1 Unsere Hoffnung. Ein Bekenntnis zum Glauben in dieser Zeit, in: Gemeinsame Synode der Bistümer in der Bundesrepublik Deutschland, Bd. 1. Freiburg ²1976, 84–111.

2 K. Rahner, Das Grundwesen der Kirche, in: Handbuch der Pastoraltheologie, hrsg. v. F. X. Arnold u. a., Bd. 1. Freiburg 1964, 224.

3 H. Gollwitzer, Ich frage nach dem Sinn des Lebens, München ⁶1978.

4 J. Moltmann, Neuer Lebensstil, München 1977.

5 P. Béguerie, Liturgie und Leben, in: Lebendige Seelsorge 29 (1978), 304–308.

6 D. Zimmermann, Leben – Glauben – Feiern: Dimensionen des Glaubensweges, in: Lebendige Seelsorge 29 (1978), 148–154.

7 O. H. Pesch, Sprechender Glaube, Mainz 1970.

8 J. Moltmann, Die ersten Freigelassenen der Schöpfung, München 1971. – Ders., Neuer Lebensstil, München 1976.

*Die Texte dieses Sonderbandes sind folgenden Büchern
des Verlags Herder entnommen:*

Ladislaus Boros, Im Leben Gott erfahrungen. Berührungen, Lizenzausgabe 1993.

Heinrich Fries, Glaube im Gegenwind unserer Zeit. Erfahrungen – Zweifel – Visionen, 1993.

Heinrich Fries, Leiden an der Kirche, 1989.

Jacques Gaillot, Ihr seid das Volk. Brief an meine Freunde in der Wüste, ²1996.

Jacques Gaillot, Eine Kirche, die nicht dient, dient zu nichts. Erfahrungen eines Bischofs, ⁵1995.

Herbert Haag, Den Christen die Freiheit. Erfahrungen und widerspenstige Hoffnungen, ²1995.

Bernhard Häring, Es geht auch anders. Plädoyer für eine neue Umgangsform in der Kirche, ³1994.

Medard Kehl, Wohin geht die Kirche? Eine Zeitdiagnose, ⁶1997.

Kurt Koch, Grundpfeiler des Glaubens. Vom Sinn der christlichen Feste, 1992.

Angelika Möller, in: Karl Heinz Schmitt/Jürgen Hoeren (Hg.), aaO.

Tiemo Rainer Peters, in: *Rudolf Stertenbrink*, Lichtsekunden. Dominikanische Predigten zum Lesejahr A, 1995; und: … zum Lesejahr B, ²1996.

Erich Purk, Mein Herz denkt an dein Wort. Spurensuche im Alltag, ²1992.

Karl Rahner, Strukturwandel der Kirche als Aufgabe und Chance. Einführung von Johann B. Metz, Neuausgabe 1989.

Anton Rotzetter, Gottes Leidenschaft heißt Liebe. Der Sinn von Kreuz und Auferstehung, ²1991.

Karl Heinz Schmitt/Jürgen Hoeren (Hg.), Werden unsere Kinder noch Christen sein? ²1995.

Paul M. Zulehner, Kirche – Anwalt der Menschen. Wer keinen Mut zum Träumen hat, hat keine Kraft zum Kämpfen, ²1981.

Folgende Bücher des Verlags Herder
zum Thema dieses Bandes seien zur weiteren
Lektüre empfohlen

Michael N. Ebertz, Kirche im Gegenwind. Zum Umbruch der religiösen Landschaft, 1997.

Herbert Haag, Worauf es ankommt. Wollte Jesus eine Zwei-Stände-Kirche? [2]1997.

Bernhard Häring, Heute Priester sein. Eine kritische Ermutigung, [2]1996.

Bernhard Häring, Meine Hoffnung für die Kirche. Kritische Ermutigungen, 1997.

Kurt Koch, Das Credo der Christen. Für heute entschlüsselt, 1993.

Kurt Koch, Kirche ohne Zukunft? Plädoyer für neue Wege der Glaubensvermittlung, 1993.

Gerhard Lohfink, Wie hat Jesus Gemeinde gewollt? [9]1991 (TB 1993)

Kirche heute

Medard Kehl

Wohin geht die Kirche?

Eine Zeitdiagnose
176 Seiten, Paperback
ISBN 3-451-23961-2

Wer besser verstehen will, warum sich viele traditionelle
Strukturen in Gemeindeleben und Verkündigung so rapide
ändern, aber auch, welche Chancen für Gegenwart und Zukunft der Kirche gerade darin liegen, findet hier nüchterne
Analysen und ermutigende Perspektiven aus der Hand eines renommierten Theologen und engagierten Seelsorgers.

Kurt Koch

Kirche ohne Zukunft?

Plädoyer für neue Wege der Glaubensvermittlung
160 Seiten, Paperback
ISBN 3-451-22968-4

Die zeitgemäße Weitergabe des Glaubens ist zur Über-
lebensfrage für die Zukunft der Kirche geworden. Das vor-
liegende Plädoyer eines engagierten Theologen zeigt, wie
sich die Kirche aus der kräftezehrenden Beschäftigung mit
sich selbst befreien kann. Wenn sie sich zur Anwältin für
eine menschlichere Gesellschaft macht, wird sie der Krise
des Glaubens wirksam begegnen und die christlichen Werte
überzeugend an die folgenden Generationen weitergeben.

Verlag Herder

Kirche heute

Herbert Haag
Worauf es ankommt
Wollte Jesus eine Zwei-Stände-Kirche?
124 Seiten, gebunden mit Schutzumschlag
ISBN 3-451-26049-2

Ist der Priesterstand, wie wir ihn kennen, wirklich ein unverzichtbares Element der Kirche? Oder ist er vielmehr geschichtlich gewachsen und daher ein veränderbares Phänomen? Dies ist die Leitfrage dieses Buches. Kenntnisreich blickt Herbert Haag auf die Ursprünge und gelangt zu einem folgenreichen und befreienden Ergebnis. Eine sachlich brisante Lektüre auf hohem Niveau.

Bernhard Häring
Meine Hoffnung für die Kirche
Kritische Ermutigungen
156 Seiten, gebunden mit Schutzumschlag
ISBN 3-451-26159-6

Bernhard Häring meldet sich in diesem Buch kritisch, aber hoffnungsfroh zur aktuellen Situation der Kirche und des Christentums zu Wort. Schonungslos benennt er Schwachstellen aktueller kirchlicher Wirklichkeit, erkennt jedoch in der Krise die Chance und weist auf konkrete positive Entwicklungen hin. Ein kritisches und zugleich solidarisches Dokument zu aktuellen Fragen der Kirche.

Verlag Herder